Roadtrips Bodensee Allgäu und Oberschwaben

von Mela Hipp

QR-CODES IM BUCH

Über die QR-Codes in diesem Buch bekommen Sie stets aktuelle Inhalte, spannende Zusatz-Informationen und die Möglichkeit zur Navigation vor Ort. Bitte installieren Sie für die Nutzung der QR-Codes die kostenlose ADAC Trips App auf Ihrem Mobiltelefon. Weitere Informationen siehe Seite 9.

STÄDTEBUMMEL IM WÜRTTEMBERGISCHEN ALLGÄU ab S. 136

Etappe 1
Biberach an der Riß – Leutkirch im Allgäu

Etappe 2
Leutkirch im Allgäu – Wangen im Allgäu

Etappe 3
Wangen im Allgäu – Ravensburg

AM »SCHWÄBISCHEN MEER« ab S. 30

Etappe 1
Lindau – Gaienhofen

Etappe 2
Gaienhofen – Meersburg

Etappe 3
Meersburg – Lindau

IN DEN BERGEN ab S. 60

Etappe 1
Bregenz – Oberstaufen

Etappe 2
Oberstaufen – Oberstdorf

Etappe 3
Oberstdorf – Pfronten

Bodensee, Allgäu und Oberschwaben

VOM LECH ZUR ILLER ab S. 112

Etappe 1
Füssen – Landsberg am Lech

Etappe 2
Landsberg am Lech – Ottobeuren

Etappe 3
Ottobeuren – Sulzberg

BURGEN UND SCHLÖSSER ab S. 82

Etappe 1
Isny im Allgäu – Sonthofen

Etappe 2
Sonthofen – Hopfen am See

Etappe 3
Hopfen am See – Reutte

UMSTEIGEPUNKTE
Übergangsmöglichkeiten zu anderen Touren und Etappen

Siehe Seite 45
Eine 1,3 km lange Pappelallee führt geradewegs auf die UNESCO-Welterbe-Klosterinsel Reichenau.

Inhalt

Es geht los!

Unterwegs

Burgen und Schlösser

Vom Lech zur Iller

Städtebummel im Württembergischen Allgäu

Gut zu wissen

Siehe Seite 96

Idyllisch liegt das Ortszentrum von Pfronten vor dem 1838 m hoch aufragenden Breitenberg.

Einfach losfahren!

Alles rund um Ihre individuelle Traumtour

Die in diesem Band vorgeschlagenen Routen führen durchweg über landschaftlich schöne Straßen, häufig mit spektakulären Ausblicken. Fahrerisch sind sie manchmal spannend.

Achtung: Die hier vorgeschlagenen Touren sind für Pkw oder Motorrad konzipiert. Große Wohnmobile oder besonders hoch gebaute Vans können nicht überall fahren. Auf kleineren Straßen kann es zu Schlaglöchern oder unebenen Fahrbahnteilen kommen. Es gilt also, mit Ruhe und Genuss die Region zu erfahren: Genießen Sie jeden Moment des Unterwegsseins!

Mit der Navigation in der ADAC Trips App können Sie die Tour exakt abfahren. Sollten Sie im Vorfeld die Route planen wollen, z. B. für spezielle Fahrzeugtypen, empfehlen wir unseren Routenplaner unter maps.adac.de.

UMSTEIGEPUNKT
LINDAU

Sehenswertes
in der Umgebung

IHR WEGWEISER: UMSTEIGEPUNKTE
Jede Tour in diesem Band besteht aus mehreren Etappen. Etappen und ganze Touren lassen sich mittels Querverbindungen kombinieren, abkürzen oder variieren. Dazu dienen besonders die Umsteigepunkte. Alle Umsteigepunkte sind auch reizvolle Orte für ein festes Standquartier.

Diesen QR-Code finden Sie bei jedem Umsteigepunkt. Er führt Sie direkt zu einer Umkreissuche in der ADAC Trips App, hier können Sie die umliegenden Sehenswürdigkeiten und Orte nach Ihren Wünschen sortieren und den Radius festlegen, in dem Sie weitere spannende Entdeckungen finden.

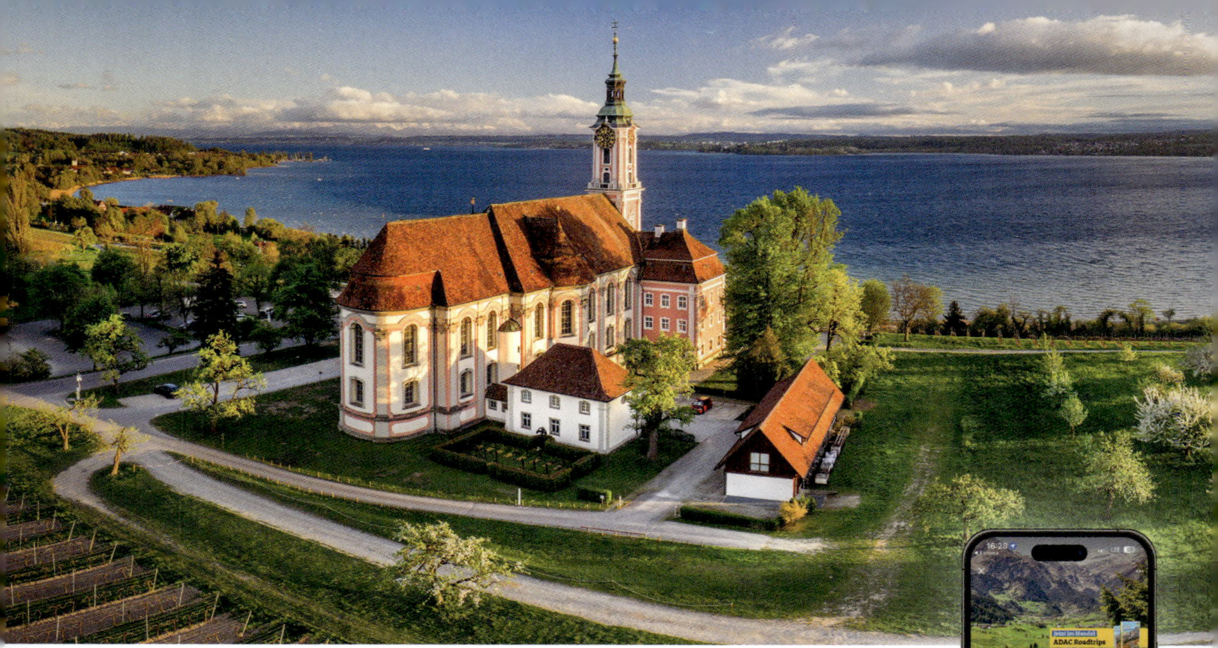

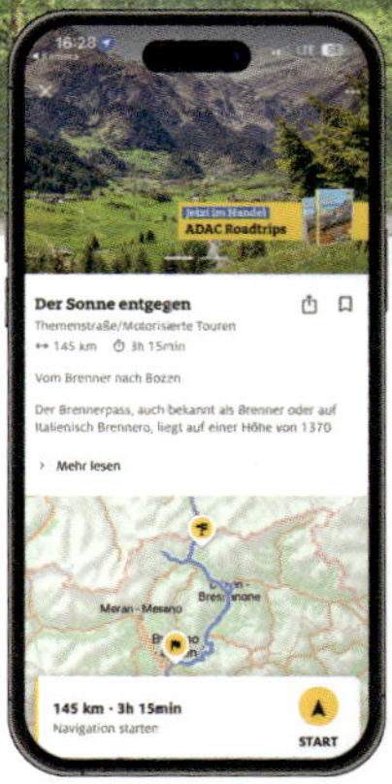

Die barocke Wallfahrtskirche von Birnau am Bodensee an der B 31

DOWNLOAD DER ADAC TRIPS APP

Einfach mit der Handy-Kamera einscannen: Mit diesem Code können Sie für Ihr Handy-Betriebssystem (iOS oder Android) die für die Nutzung der QR-Codes notwendige, kostenlose ADAC Trips App herunterladen.

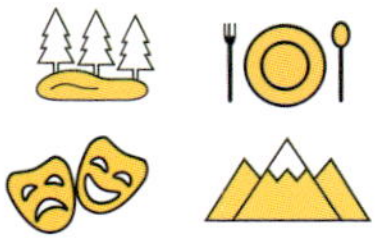

IHR GANZ PERSÖNLICHER ROADTRIP

Jede Etappe hat einen eigenen Schwerpunkt: Wasser, Kulinarik, Kultur oder Natur. Gestalten Sie Ihren ganz persönlichen Roadtrip!

IMMER GUT GEPLANT: NAVIGATION UND GPX-DATEN

Diesen QR-Code finden Sie zu Beginn jeder Tour. Der Scan erlaubt Ihnen die Navigation vor Ort direkt über ADAC Trips App – oder Sie laden sich die GPX-Daten für die Routenführung zu jeder Tour auf Ihr eigenes Navigationsgerät.

REISE-ERLEBNISSE IN DER APP

Überall im Buch, wo Sie diesen QR-Codes neben dem Text sehen, führt Sie der Scan direkt zu allen Details der beschriebenen Sehenswürdigkeit – mit laufend aktualisierten Details und Informationen.

Erlebniswelten Bodensee, Allgäu und Oberschwaben

Faszination Süddeutschland

Die Region zwischen der hügeligen Voralpenlandschaft im Norden, dem Lech im Osten, imposanten Berggipfeln im Süden und dem Bodensee im Westen bietet einzigartige Reiseziele mit einer schier endlosen Vielfalt an Freizeitmöglichkeiten und Sehenswürdigkeiten. Entdecken Sie historische Städte, prachtvolle Schlösser und Burgen, idyllische Seen und Flüsse, alpine Naturjuwele und kulinarische Spezialitäten. Ob am Berg oder im Tal, am Wasser oder an Land: Hier finden Sie alles, was Ihr Herz begehrt. Setzen Sie sich ans Steuer und lassen Sie sich von der Schönheit und dem Charme des Allgäus und der Bodenseeregion verzaubern.

Schon von Weitem rückt die Wallfahrtskirche St. Coloman bei Schwangau ins Blickfeld.

WASSER
LANDSCHAFT
KÜCHE
KULTUR

Idyllisch, mystisch und unentbehrlich

Das Element Wasser ist allgegenwärtig

Neben den Alpen im Süden und der Voralpenlandschaft im Norden sind das Allgäu und die Bodenseeregion geprägt vom Element Wasser. Ob zum Baden, für Wassersport, zum Wandern oder einfach nur zum Genießen – die Seen, Flüsse, Wasserfälle und Klammen sind sommers wie winters ein eindrucksvolles Naturerlebnis.

LAND DER SEEN

Die Regionen Allgäu und Oberschwaben sind durchzogen von einer Vielzahl an einladenden Bade- und idyllischen Bergseen. Vor allem im Sommer sind sie beliebte Ausflugsziele, die zum Wassersport oder einfach nur zum Entspannen und Erholen einladen. Der größte und bekannteste See ist der **Bodensee** (Tour 1, ab S. 30), der auch als »Schwäbisches Meer« bezeichnet wird. Er ist nicht nur ein wichtiger Lebensraum für viele Tier- und Pflanzenarten, sondern auch ein kultureller und historischer Schmelztiegel, an dem Deutschland, Österreich und die Schweiz aufeinandertreffen. Aber auch kleinere Seen wie der **Forggensee** (Tour 4, S. 115), der **Hopfensee** (Tour 3, S. 99) oder der **Große Alpsee** (Tour 3, S. 88) haben ihren ganz eigenen Charme und bieten herrliche Ausblicke auf die Alpen. Einige der Seen sind übrigens auch Stauseen, die zur Energiegewinnung genutzt werden.

LEBENSADER WASSER

Die Flüsse im Allgäu sind hingegen die Lebensadern der Region, die das Land bewässern und fruchtbar machen. Die wichtigsten Flüsse sind der **Lech** (Tour 4, ab S. 114), die **Iller** (Tour 4, S. 132), die Argen und die **Ostrach** (Tour 2, S. 74), die alle in die Donau münden. Sie sind nicht nur für die Landwirtschaft von Bedeutung, sondern spielen auch für den Tourismus eine Rolle, da sie in

Im Sommer ist der Hopfensee (S. 99) ein beliebtes Ziel zum Baden und Tretbootfahren.

manchen Abschnitten schöne Möglichkeiten zum Rafting, Paddeln im Kajak oder Kanu und zum Angeln bieten.

DIE KRAFT DES WASSERS

Die Wasserfälle im Allgäu sind Naturspektakel, die man einfach erleben muss. Es gibt eine Vielzahl an Wasserfällen unterschiedlicher Höhe; sie alle haben ihren ganz eigenen Reiz. Die bekanntesten sind die **Buchenegger Wasserfälle** (Tour 2, S. 66), die **Scheidegger Wasserfälle** (Tour 2, S. 62) und der **Hinanger Wasserfall** (Tour 2, S. 74). Sie sind nicht nur in der warmen, sondern auch in der kalten Jahreszeit einen Ausflug wert, wenn sie zu bizarren Eiskunstwerken gefrieren.

Die Klammen im Allgäu wiederum sind enge Schluchten, die von den kraftvollen Wassermassen der Flüsse über Tausende von Jahren in das Gestein geschnitten wurden – faszinierende Orte, die einen Einblick in die Erdgeschichte geben. Zu den bekanntesten Klammen im Allgäu zählen die **Breitachklamm** (Tour 2, S. 73), die **Starzlachklamm** (Tour 3, S. 90), die Höllschlucht und der **Eistobel** (Tour 5, S. 147). Sie sind durch Wanderwege, Brücken und Stege gut erschlossen und bieten einzigartige Natureindrücke.

KONSTAN

Im Konstanzer Hafen mit der markanten Imperia-Statue liegt die historische Fähre »Konstanz« aus dem Jahr 1928 vor Anker.

Traumhafte Ausblicke auf die Allgäuer Alpen bieten zahlreiche Wanderwege, wie etwa hier zum Engeratsgrundsee bei Bad Hindelang.

Von Gletschern geformt

Sanfte Hügel, weite Täler vor alpiner Kulisse

Von den majestätischen Alpen im Süden über das hügelige Alpenvorland bis zum flachen Donautal im Norden erstreckt sich eine der abwechslungsreichsten und wohl auch schönsten Landschaften Deutschlands. Vor Tausenden von Jahren formten Gletscher die Hügel, Täler, Seen, Moore und Flüsse, heute präsentiert sich die Region als vielfältige Natur- und Kulturlandschaft.

SCHROFFE GIPFEL, MALERISCHE SEEN

Imposante Felsformationen, grüne Almwiesen und malerische Bergseen bestimmen das Landschaftsbild der Allgäuer Alpen, die sich zwischen Deutschland und Österreich erstrecken. Mehr als

600 Gipfel ragen hier in den Himmel, die höchsten sind der Große Krottenkopf (2656 m), das Hohe Licht (2651 m) und die Hochfrottspitze (2649 m), die sich teils auf österreichischem Boden befinden. Am markantesten sind der Hohe Ifen und der Hochvogel, in dessen Gipfel – zur Hälfte im Allgäu und zur anderen Hälfte in Tirol gelegen – ein tiefer Spalt klafft, der seit Jahren auseinanderzubrechen droht. Besonders beliebt zum Wandern sind das **Nebelhorn** (Tour 3, S. 92), das **Fellhorn** und der **Grünten** (Tour 2, S. 76), der auch »Wächter des Allgäus« genannt wird.
Zudem gibt es in den Allgäuer Alpen zahlreiche Bergseen, idyllisch eingebettet zwischen Almwiesen und Berggipfeln, darunter der Schrecksee und der Seealpsee, andere liegen vor herrlichem Alpenpanorama und sind leicht zu erreichen, etwa der **Vilsalpsee** im österreichischen Tannheimer Tal (Tour 2, S. 81).

WIESEN, WÄLDER UND WEIDEN

Abseits der Alpen wird die Landschaft der Allgäu-Bodenseeregion sanfter. Grüne Wiesen und Wälder, Flussauen und Moorgebiete überziehen das hügelige Alpenvorland, das vom Schmelzwasser der Gletscher geschliffen wurde. So finden sich hier zahlreiche Seen, Weiher und Flüsse. Die Moore wiederum sind wertvolle Lebensräume für seltene Tier- und Pflanzenarten, die unter Naturschutz stehen.
Im fruchtbaren Alpenvorland kommt auch der Land- und Viehwirtschaft eine wichtige Rolle zu. Insbesondere Milch, Käse, Obst und Gemüse werden in der Region produziert. Vor allem rund um den Bodensee dehnen sich weite Obstgärten und Weinberge über die Landschaft aus (Tour 1), im Allgäu und in Oberschwaben hingegen führt die Fahrt immer wieder vorbei an landwirtschaftlich bewirtschafteten Feldern und einer schier endlosen Anzahl an Kuhweiden (Tour 2 und Tour 4).

365 TAGE NATURGENUSS

Sind es im Sommer die grünen Berge und erfrischenden Seen, die zum Wandern, Radfahren, Klettern und Baden einladen, so verwandelt sich die Landschaft im Winter in ein Schneeparadies mit herrlichen Möglichkeiten zum Skifahren, Langlaufen, Rodeln und Winterwandern. Dann zeigt sich die Region nochmals von einer anderen Seite, die – eingehüllt in eine weiße Decke – mit ihrem ganz besonderen Charme verzaubert.

Die über 1000 Jahre alte Burg Meersburg am Bodensee ist die älteste bewohnte Burg Deutschlands.

Einfach besonders

Regionaler Genuss und lokale Tradition

Nicht nur landschaftlich, auch kulinarisch ist die Region Bodensee, Allgäu und Oberschwaben facettenreich. Ihre Küche vereint hochwertige regionale Produkte, historische Einflüsse und lokale Traditionen.

ALLGÄUER KÄSE- UND BIERGENUSS

Das Allgäu ist bekannt für seine Käsespezialitäten, allen voran die Allgäuer Kässpatzen, quasi das Nationalgericht der Allgäuer, das bei einer Reise in diese Region ebenso wenig auf dem Verkostungsplan fehlen darf wie die vier geschützten Allgäuer Käsesorten: Allgäuer Emmentaler, Allgäuer Bergkäse, Sennalpkäse und Weißlacker. Sie tragen das Siegel »g. U.«, geschützte Ursprungsbezeichnung, was garantiert, dass von der Erzeugung über die Verarbeitung bis zur Zubereitung alle Produktionsschritte in der Region stattfinden. Zahlreiche Sennereien und Käsereien im Allgäu laden ein, die Käsespezialitäten direkt ab Hof zu kaufen oder gar Einblick in die Produktion zu erhalten. Neben der Käseherstellung hat auch das Bierbrauen eine lange Tradition im Allgäu. Mehr als 30 Brauereien sind heute in der Region heimisch. Dabei reicht die Geschichte zurück bis in die Zeit der Kelten vor rund 2000 Jahren. Hohe Qualität, kreative Ideen und das Brauen nach alter Familienrezeptur zeichnen den Allgäuer Biergenuss aus.

Eine typische Allgäuer Spezialität ist der Sennkäse, der in den Sommermonaten auf der Alp hergestellt wird.

FISCH, OBST UND WEIN VOM BODENSEE

Wer hingegen Fisch liebt, ist am Bodensee genau richtig. Von Forelle über Saibling bis hin zu Zander bringt der See zahlreiche Fischspezialitäten hervor, die frisch gefangen in den Restaurants

Direkt am Bodenseeufer laden viele Biergärten zu Bier und oberschwäbischer Küche ein.

und Gasthöfen der Region gebraten, gedünstet, geräuchert oder eingelegt werden. Dazu gibt es Kartoffeln, Salat oder Brot.
Auch für den Anbau von Obst und Wein bietet die Bodenseeregion beste Voraussetzungen. Die zahlreichen Obstgärten bringen reiche Ernten an Äpfeln, Birnen, Kirschen und Zwetschgen ein, die zu köstlichen Kuchen, Marmeladen, Säften und Schnäpsen verarbeitet werden. Seit mehr als 2000 Jahren wird am Bodensee zudem erstklassiger Wein produziert: von Müller-Thurgau über Grau- und Weiß- bis Spätburgunder. Verkostet werden können die Weine direkt beim Winzer, in vielen Restaurants und Gasthöfen der Region, und auch die Weinregale in den Supermärkten sind gut sortiert.

OBERSCHWÄBISCHE BAROCKKÜCHE

Opulent speisen wie einst König Ludwig XIV.? Oberschwaben ist eine historisch und kulturell reiche Region, die vom Mittelalter bis zur Neuzeit eine bedeutsame Rolle spielte. Und so ist die Küche beeinflusst von den Klöstern, Adelshäusern und Bauern der Region. Einige oberschwäbische Restaurants bieten heute noch erstklassige Barockmenüs zum Probieren und Schlemmen; nach Originalrezept und dennoch modern abgeschmeckt. Zu den typischen Gerichten der oberschwäbischen Küche zählen u. a. Krautkrapfen, Flädlesuppe oder Nonnenfürzle, aus frittiertem Teig hergestellte Bällchen mit Puderzucker oder Fruchtmus.

Gelebte Tradition in reicher Kultur

Von Brauchtum und Prachtbauten

Die Geschichte des Allgäus und Oberschwabens reicht bis in die Steinzeit zurück und wurde über viele Jahrhunderte von Kelten, Römern, Alemannen, Franken, Staufern und Welfen geprägt. Heute zeugen in der gesamten Region verstreute mittelalterliche Burgen, märchenhafte Schlösser, eindrucksvolle Patrizierhäuser und barocke Klosteranlagen von früheren Zeiten.

MENSCHEN UND MUNDART

Nicht nur die Landschaft und die Architektur kennzeichnen die Region. Vielmehr sind es auch die Menschen, die fest mit ihrer Heimat verbunden sind. Das zeigt sich auch an ihrem Dialekt, denn dieser ist ein wichtiger Teil der regionalen Kultur und Identität und wird von den Einheimischen sorgsam gepflegt.
Der Allgäuer Dialekt etwa spiegelt die Geschichte, die Landschaft und die Lebensweise der Allgäuer, wobei es den einen Allgäuer Dialekt nicht gibt. Eher ist es eine Sammelbezeichnung für die verschiedenen Mundarten, die hier gesprochen werden. Je nach Region sind deutliche Unterschiede und eine Zugehörigkeit zum Vorarlbergischen oder Oberschwäbischen zu hören.
Neben Besonderheiten in der Aussprache gibt es viele typische Ausdrücke und Redewendungen, die nur hier verstanden werden – etwa »Viehscheid« für Almabtrieb, »Hääs« für Kleidung oder »Fehl/Feel« für ein Mädchen.

GEPFLEGTES BRAUCHTUM

Die Bodenseeregion, das Allgäu und Oberschwaben zeichnen sich neben der einzigartigen Landschaft durch eine reiche und vielfältige Kultur aus. Seit Jahrhunderten pflegen die Menschen ihre Bräuche und Traditionen, die von der Geschichte, der Natur und dem Glauben geprägt sind. So gibt es vielerorts Brauchtumsveranstaltungen, die nicht primär aus touristischen Gründen, sondern aus langjähriger Tradition gepflegt werden.
Nennenswerte Beispiele sind etwa die Funkenfeuer, mit denen der Winter ausgetrieben wird, der traditionelle Viehscheid, bei

Jedes Jahr zum Ende des Sommers treiben die Bauern die Kühe beim Viehscheid von den Almen zurück ins Tal.

dem das Vieh nach dem Sommer von den Alpen ins Tal zurückkehrt, oder das Hörner- oder Schalengge-Rennen, ein unterhaltsamer Wettbewerb mit historischen Hörnerschlitten.
Doch nicht nur Bräuche und Traditionen, auch das alte Handwerk wird in der Region besonders bewahrt. Oftmals sind es sogar junge Menschen, die traditionelle Berufe wie Glasbläser, Handweber oder Maskenschnitzer neu erlernen und so alte Handwerksbetriebe und Handgemachtes am Leben erhalten.

PRACHTVOLLE BAUTEN

Mit kleinen historischen Städten, die reich an Geschichte sind, sowie beeindruckender Architektur und wertvollen Kunstschätzen vereint die Allgäu-Bodenseeregion ein Kaleidoskop an kulturellen Besonderheiten. Vielerorts sind historische Ortskerne gut erhalten und laden zu Erkundungstouren bei Stadt- und Themenführungen ein. Darüber hinaus besitzt die Region eine Fülle an Prachtbauten aus früheren Zeiten, darunter »Märchenschlösser« wie das **Schloss Neuschwanstein** oder **Schloss Hohenschwangau** (Tour 3, S. 102 und S. 108), eindrucksvolle Kirchen und Klosteranlagen wie das **Kloster Ottobeuren** (Tour 4, S. 124) oder mystische Burgen und Ruinen wie die **Burgruine Falkenstein** (Tour 3, S. 95).

Die Highlights am Bodensee, im Allgäu und in Oberschwaben im Wechsel der Jahreszeiten

In der ganzen Region

Funkenfeuer

Alljährlich wird am ersten Fastensamstag des Jahres mit dem Funkenfeuer der Winter ausgetrieben. Die Funken gleichen dabei gestapelten Holztürmen, aus denen hoch oben eine Strohpuppe hervorragt.

In der ganzen Region

Ostern

Mit Bräuchen wie Palmboschenbinden, Palmweihe, Prozession, Osterfeuer und Osternacht gehört Ostern zu einem der wichtigsten gelebten Bräuche der Region. Vielerorts finden traditionelle Veranstaltungen statt.

März

Während auf den Gipfeln noch Schnee liegt, zeigen sich im Tal und Alpenvorland langsam die ersten Frühlingsboten.

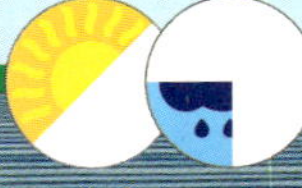

Tagesdurchschnittstemp. 8 °C

April

In niederen Lagen wird es jetzt schon angenehm warm. Vereinzelt ist aber auch nochmals mit einem kurzen Wintereinbruch zu rechnen.

Tagesdurchschnittstemp. 12 °C

In der ganzen Region

Maibäume

Bemalte Schilder mit Motiven der ortsansässigen Handwerker und Vereine schmücken die Maibäume, die bei zünftigen Maibaumfesten traditionellerweise am 30. April oder 1. Mai aufgestellt werden.

In der ganzen Region

Sonnwendfeuer

Am längsten Tag und in der kürzesten Nacht des Jahres finden die Sonnwendfeuer statt, die vor allem vor der Kulisse der Alpen ein besonderes Schauspiel sind.

Mai

Der Mai grüßt mit ersten sommerlichen Vorboten. Strahlend schöne Sonnentage wechseln sich jedoch immer wieder mit Regentagen ab.

Tagesdurchschnittstemp. 17 °C

Juni

Die letzten Schneefelder in den Bergen verschwinden, die ersten Badeseen laden hingegen zum Erfrischen bei sommerlichen Temperaturen ein.

Tagesdurchschnittstemp. 20 °C

In voller Blüte

Im Frühjahr verwandelt sich das Bodenseeufer in ein prachtvolles, buntes Blütenmeer (Tour 1).

Memmingen

Fischertag

Um die Memminger Ach zu reinigen und Schäden an Mühlen und Brücken zu reparieren, kam die Bevölkerung einmal im Jahr zum »Bachausfischen« zusammen. Heute ist dies ein lustiges Spektakel mit großem Heimatfest.

Oberschwaben

BAROCKwoche

Eine Woche lang entführt Oberschwaben im August in die Zeit des Barocks und bietet mit Orgelkonzerten, thematischen Führungen und kulinarischen Highlights ein abwechslungsreiches Programm.

Juli

Angenehm warm bis vereinzelt brütend heiß kann es im Juli werden. In den Bergen herrschen hingegen angenehme Temperaturen.

Tagesdurchschnittstemp. 22 °C

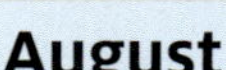

August

Hochsaison an den Seen und in den Bergen. Mit der wärmste Monat im Jahr und zug eich Hauptreisezeit für viele Urlauber.

Tagesdurchschnittstemp. 21 °C

Allgäuer Alpen

Viehscheid

Rund 30 Orte entlang der Alpen zwischen Bodensee und den Königsschlössern feiern im Herbst ein großes Volksfest. Nämlich dann, wenn rund 30 000 Rinder von den Bergweiden wohlbehalten ins Tal zurückkehren.

Bodensee

3-Länder-Marathon

Alljährlich findet im Oktober der Marathonlauf statt, der über 8500 Läuferinnen und Läufer aus 50 Nationen von Lindau über die Schweiz zurück ins Ziel nach Bregenz führt.

September

Es wird – vor allem nachts – wieder kühler in den höheren Lagen. Tagsüber und im Alpenvorland ist es jedoch noch angenehm, teils sommerlich warm.

Tagesdurchschnittstemp. 19 °C

Oktober

Die Landschaft legt sich bei tagsüber angenehmen Temperaturen ein goldschimmerndes Kleid an, auf den Bergen fällt der erste Schnee.

Tagesdurchschnittstemp. 14 °C

Sprung ins kühle Nass

Zahlreiche Seen laden im Sommer in der Allgäu-Bodenseeregion zum Baden ein, darunter der Hopfensee nahe Füssen (Tour 3, S. 99).

In der ganzen Region

Weihnachtsmärkte

Bereits Ende November öffnen die ersten Weihnachtsmärkte der Region ihre Pforten. Einer der schönsten Märkte im Allgäu ist der Erlebnis-Weihnachtsmarkt Bad Hindelang.

Allgäu

Klausen- und Bärbeletreiben

Über 2000 Jahre ist das Klausentreiben alt, bei dem am 5. und 6. Dezember die wilden »Rumpelklausen« durch die Straßen und Gassen ziehen, um böse Nachtgeister zu vertreiben. Einen Tag früher, am 4. Dezember, sind traditionell die Mädchen als »Bärbele« dran.

November

Dichter Nebel zu Tagesbeginn ist jetzt keine Seltenheit. Sonnige Herbsttage und der erste Wintereinbruch wechseln sich ab.

Tagesdurchschnittstemp. 8 °C

Dezember

In den Skigebieten beginnt die Wintersaison, es kann stellenweise eisig kalt werden. Die Chance auf Schnee in niederen Lagen steigt.

Tagesdurchschnittstemp. 3 °C

Eisiger Winterzauber

Wenn Schnee die Landschaft im Allgäu überzieht, wird ein Wintermärchen wahr.

Oberschwaben

Schwäbisch-Alemannische Fasnacht

Mit dem neuen Jahr übernehmen in Oberschwaben die Narren das Regiment auf den Straßen. Handgeschnitzte Masken und kunstvolle Gewänder werden dann bei Umzügen, Fasnachtsmessen, Schwerttänzen und Narrensprüngen zur Schau gestellt.

Pfronten

Schalengge-Rennen

Es ist ein kurioses Bild, wenn sich alljährlich am Faschingssamstag bis zu 200 wagemutige Männer und Frauen auf ihren hölzernen Hörnerschlitten den Hang in Pfronten-Kappel hinabstürzen.

Januar

Einer der kältesten Wintermonate ist der Januar, der dafür oftmals auch mit tief verschneiten Landschaften verzaubert.

Tagesdurchschnittstemp. 2 °C

Februar

Die Temperaturen steigen langsam wieder leicht an, der Niederschlag wird weniger, dennoch ist immer wieder mit Schnee zu rechnen.

Tagesdurchschnittstemp. 4 °C

TOUR 1

Am »Schwäbischen Meer«

Dreiländertour rund um den Bodensee

273 km umfasst das Ufer des Bodensees, salopp auch als »Schwäbisches Meer« bezeichnet. Fast genauso viele legen Sie auf dieser Tour durch die drei Länder Deutschland, Österreich und die Schweiz zurück. Vom Ausgangspunkt Lindau führt die Strecke im Uhrzeigersinn auf ufernahen Straßen einmal um den See herum und macht in kleinen Orten mit hübschen Fachwerkhäusern ebenso Station wie auf den zauberhaften Inseln Reichenau und Mainau und in charmanten Städten wie Bregenz, Konstanz oder Meersburg.

Siehe Seite 45

Prachtvoll ist die Anfahrt auf die UNESCO-Welterbeinsel Reichenau entlang der Pappelallee.

Die Tour auf einen Blick

ORTE ENTLANG DER ROUTE

1. Lindau – Bregenz –Kreuzlingen – Stein am Rhein – Gaienhofen

2. Gaienhofen – Radolfzell – Insel Reichenau – Konstanz – Überlingen – Meersburg

3. Meersburg – Friedrichshafen – Langenargen – Kressbronn – Wasserburg – Lindau

KILOMETER
ETAPPE 1: 107 KM
ETAPPE 2: 88 KM
ETAPPE 3: 42 KM

Navigation und GPX-Download

REINE FAHRTZEIT
ETAPPE 1: 2½ STUNDEN
ETAPPE 2: 2 STUNDEN
ETAPPE 3: 1 STUNDE

ETAPPE 1

Vom Lindau nach Gaienhofen

↔ 107 km ca. 2½ Std.  

Startpunkt der Tour ist die Inselstadt **Lindau**, deren Altstadt sich auf einer dem Festland vorgelagerten Insel befindet und mit verwinkelten Gassen, historischen Bauwerken und dem Hafen eine der sehenswertesten Städte am Bodensee ist. Alternativ können Sie auch am Ende der Tour die Altstadtinsel bei einem Spaziergang erkunden, so oder so sollten Sie sich einen Besuch auf keinen Fall entgehen lassen. Beginnen Sie die Tour um den Bodensee im Zentrum von Lindau, vorbei am Bahnhof, und folgen Sie der Bregenzer Straße bis zur österreichischen Grenze. Direkt hinter der Brücke über die Leiblach befinden Sie sich in Vorarlberg und haben damit zum ersten Mal auf dieser Dreiländertour die Grenze passiert.

AUF STIPPVISITE IN ÖSTERREICH

Folgen Sie dem Straßenverlauf, der ab Höhe Kaiserstrand wieder den Blick auf den See freigibt, bis Sie die Stadteinfahrt von **Bregenz** passieren. Schon nach kurzer Zeit erreichen Sie auf der B 190 das Zentrum von Bregenz eingebettet zwischen dem Pfänder, dem Hausberg der Stadt, und der Seepromenade.

Die Landeshauptstadt von Vorarlberg spiegelt einen spannenden Kontrast aus Alt und Neu wider. Historische Bauten zeugen von der langen Vergangenheit der Stadt, moderne Architektur spannt den Bogen ins Heute. Zwischendrin ein lebendiges Stadtzentrum mit Geschäften, Cafés und Restaurants sowie ein vielseitiges Kulturangebot mit internationalen Kunsthäusern, kleinen Galerien und den Bregenzer Festspielen. In Bregenz befindet sich auch die berühmte Seebühne, die im Rahmen der Festspiele hochkarätige Opern unter freiem Himmel präsentiert.

Mit dem historischen Stadttor, den mittelalterlichen Häusern und verwinkelten Gassen ist hier, fernab vom Trubel am See, die ***Altstadt von Bregenz*** *zu finden. Am Weg nach oben geht's in der Kirchstraße 29 am Haus mit der schmalsten Fassade (57 cm) in ganz Europa vorbei.*

Weitere Details in der ADAC Trips App

Seehotel am Kaiserstrand

Geschichtsträchtiges Haus direkt am See mit renovierten Zimmern, edlem Restaurant und modernem Badehaus am Wasser.
Am Kaiserstrand 1, 6911 Lochau, www.kaiserstrand.at

89 Stufen führen hoch auf den Mangturm in Lindau. Oben angekommen bietet sich ein herrlicher Blick auf Lindau und den Bodensee.

UMSTEIGEPUNKT

BREGENZ

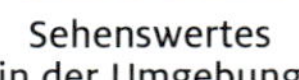

Sehenswertes
in der Umgebung

Eingebettet zwischen See und Berg begeistert Bregenz, die Landeshauptstadt von Vorarlberg, mit einem reichen kulturellen Angebot. Alljährlich finden im Sommer die berühmten Bregenzer Festspiele in der spektakulären Kulisse der Seebühne statt. Darüber hinaus laden viele sehenswerte Attraktionen am See, historische Häuser und Bauten in der Innenstadt sowie eine lebendige Gastronomieszene zu einem ausgedehnten Stadtbummel ein.

AUSFLUGSTIPP

Der **Pfänder** ist geografisch betrachtet zwar der Hausberg von Bregenz, aber auch bei Lindauern ein beliebtes Ausflugsziel. Mit der **Pfänderbahn** (www.pfaenderbahn.at) geht es zügig auf 1064 m Höhe, wo sich ein herrlicher Blick auf die Bodenseeregion und die Alpen bietet: bei klarer Sicht auf 240 Gipfel in Deutschland, Österreich, der Schweiz und Liechtenstein.

Gerade einmal 6 Minuten dauert die Fahrt mit der Pfänderbahn.

ZUR TOUR 2
In Bregenz können Sie zur Tour 2 in die Berge und Richtung Pfronten umsteigen.

Weit über Bregenz und den Bodensee reicht die Aussicht vom 1064 m hohen Pfänder.

Blick am Untersee von der Schweizer auf die deutsche Uferseite

Setzen Sie die Fahrt über die B 202 fort, deren Verlauf sich nun durch die äußeren Stadtteile von Bregenz schlängelt, über die Bregenzer Ach nach Hard und von dort über die Rheinbrücke nach Fußach und Höchst führt. Panoramareich ist dieser Abschnitt am Bodensee nicht gerade, vielmehr bringt er Sie durch ein dichtes Siedlungs- und Industriegebiet an die Schweizer Grenze, die Sie auf der Brücke Alter Rhein passieren. Sie befinden sich nun im Grenzort St. Margarethen im Kanton St. Gallen und folgen der mautfreien Hauptstrasse 7 ein kurzes Stück parallel zur Autobahn, später dann nahe dem Seeufer entlang. Vorbei am Regionalflughafen St. Gallen-Altenrhein wechseln Sie im dicht besiedelten Rorschach auf die Hauptstrasse 13, auf der Sie Arbon durchqueren.

Presswerk

Modernes Restaurant im Industriestil in einem historischen Backsteingebäude. Regionale Küche mit saisonaler Ausrichtung und Zutaten von Bauern und kleinen Geschäften aus der Umgebung. Hamelstrasse 15, 9320 Arbon (CH), www.presswerk-arbon.ch

»GRAND TOUR« DURCH DIE SCHWEIZ

Ab jetzt befinden Sie sich auf einem Abschnitt der **Grand Tour of Switzer-**

land. Diese 1643 km lange Route führt einmal durch die gesamte Schweiz und vorbei an allen Highlights, welche das Land zu bieten hat. Einem Teil der ersten Etappe der Grand Tour, die von Zürich nach Appenzell führt, folgen Sie nun – allerdings in entgegengesetzter Richtung – entlang des Schweizer Ufers des Bodensees, wo Sie nach Frasnacht-Arbon das dichte Siedlungsgebiet hinter sich lassen und, ab nun im Kanton Thurgau unterwegs, wieder in den Genuss einer Fahrt mit schönen Ausblicken kommen. Zunehmend bestimmt der Obstanbau das Landschaftsbild, auch erste Fachwerkhäuser fallen entlang der Straße ins Auge.

Schon bald erreichen Sie **Romanshorn**, das mit dem flächenmäßig größten Hafen am Bodensee und einer Fährverbindung nach Friedrichshafen ein belebter Hafenort und beliebtes Ausflugsziel ist. Hier befindet sich neben einem Grand-Tour-Fotospot am Hafen auch die autobau erlebniswelt mit einer eindrucksvollen Sammlung an Fahrzeugen des Schweizer Unternehmers und ehemaligen Autorennfahrers Fredy Lienhard. Nutzen Sie den Aufenthalt, um über die Promenade bis zum Wasserskiclub zu flanieren und, sofern die Sonne scheint, im Kleinen Café im Seepark einen Kaffee direkt am Wasser zu genießen.

Die Evolution des Menschen, dargestellt in der autobau erlebniswelt in Romanshorn

Ein hübsches Fotomotiv: der Blick vom Arenenberg auf den Bodensee an der Route der Grand Tour of Switzerland

Ein Wechselspiel aus landwirtschaftlich geprägten Freilandstraßen und Durchfahrten durch unscheinbare Hafenörtchen bestimmt die Weiterfahrt. Immer noch dem Verlauf der Hauptstrasse 13 und somit auch der Grand Tour of Switzerland folgend, erreichen Sie schon bald die Stadteinfahrt von **Kreuzlingen**. Hier, am Hafen, befindet sich auch eine touristische Attraktion der Grand Tour: der begehbare Bodenseecontainer, ein umgebauter Frachtcontainer, in dem die Geschichte des Verkehrs in der Bodenseeregion präsentiert wird. Kreuzlingen selbst ist die größte Schweizer Stadt direkt am Bodensee und geografisch auch deshalb besonders, da sie direkt an die Altstadt von Konstanz grenzt. Die beiden Städte sind so sehr ineinandergewachsen, dass die offizielle Staatsgrenze mitten durch Siedlungen und einzelne Straßen verläuft und so den Wechsel zwischen Deutschland und der Schweiz kaum wahrnehmen lässt. Eine Besonderheit ist die sogenannte Kunstgrenze: 22 Skulpturen aus Edelstahl markieren am Ufer des Bodensees den Verlauf der Landesgrenze auf kreative Art und Weise.

Eins der schönsten Schlösser am Bodensee: Schloss Arenenberg

ABSTECHER MIT WEITBLICK

Auf den folgenden Kilometern lassen Sie den Obersee hinter sich und fahren auf der Hauptstrasse 13 stadtauswärts in westliche Richtung. Auf einer leichten Anhöhe folgen Sie dem Straßenverlauf, der rechter Hand immer wieder den Blick auf den See bis ans andere Ufer auf deutscher Seite freigibt. Unterbrochen von hübschen kleinen Ortschaften, führt die Strecke hier entlang landwirtschaftlich genutzter Felder und Obstplantagen. In **Ermatingen** lohnt ein kleiner Umweg: Verlassen Sie die Hauptstrasse, zweigen Sie links auf die Fruthwilerstrasse und in Folge auf die Salensteinerstrasse ab, die Sie hoch auf den **Arenenberg** bringt. Dieser kleine Abstecher belohnt Sie mit einem herrlichen Blick über den Untersee und führt vorbei am Schloss Salenstein. Ganz in der Nähe befindet sich das Schloss Arenenberg mit dem Napoleonmuseum, wo original eingerichtete Wohnräume der kaiserlichen Familie Napoleons III. zu sehen sind. Hinter Salenstein erreichen Sie nach zwei lang gezogenen Kurven **Berlingen**, einen Ort, der bei der Einfahrt noch recht unscheinbar wirkt, dessen Charme aber umso deutlicher wird, je

22 Skulpturen markieren in Kreuzlingen-Konstanz die Landesgrenze zwischen Deutschland und der Schweiz auf künstlerische Weise.

weiter man sich dem Ortskern nähert. Dicht aneinandergebaute Fachwerkhäuser, auf Schweizerdeutsch Riegelhäuser, mit bunten Fensterläden lassen keinen Zweifel daran, warum Berlingen zum sogenannten Inventar der schützenswerten Ortsbilder von nationaler Bedeutung der Schweiz zählt.

WO EIN FLUSS ZUM SEE WIRD

Zurück auf der Hauptstrasse folgen Sie dem Straßenverlauf zwischen See, Bahngleisen und Obstplantagen, bis Sie am westlichen Ende des Untersees und damit in **Stein am Rhein** angekommen sind. Verlassen Sie die Hauptstrasse 13 und damit auch die Grand Tour of Switzerland an der Charregass und steuern Sie die Altstadt über die Rheinbrücke an.

Der letzte Stopp auf Schweizer Gebiet verdient aus zweierlei Gründen Erwähnung: Einerseits mündet hier der Rhein in den Bodensee, andererseits bezaubert die Kleinstadt durch eine gut erhaltene Altstadt mit farbenfroh bemalten Häuserfassaden und Fachwerkhäusern Türmen und Toren. Wahrzeichen ist die oberhalb gelegene Burg Hohenklingen, von der sich ein wunderbarer Panoramablick über Stein am Rhein und die Rhein-Bodenseeregion eröffnet.

Die kleine Stadt Stein am Rhein schmiegt sich malerisch ans Ufer des Hochrheins.

Bunte Fassadenmalereien schmücken die mittelalterliche Altstadt von Stein am Rhein.

Nur rund 2 km hinter Stein am Rhein wird die Grenze zurück nach Deutschland überquert, wo Sie dem Verlauf der L 192 folgen. Vorbei an landwirtschaftlich genutzten Feldern und durch einzelne Ortschaften hindurch, gibt die Strecke immer wieder einen kurzen Blick auf den Bodensee frei. Schon bald erreichen Sie **Horn**, Ortsteil von **Gaienhofen**, und Ziel dieser Etappe.

Wie auch die Gemeinden Moos und Öhningen liegt Gaienhofen auf der **Halbinsel Höri**. Viele deutsche Schriftsteller und Künstler fanden hier einst Inspiration und Zuflucht, darunter Hermann Hesse, Otto Dix, Erich Heckel oder Max Ackermann. Ihre Werke spiegeln oft die Schönheit und den Charakter der Höri wider. Heute steht die Halbinsel größtenteils unter Natur- oder Landschaftsschutz und ist ein beliebtes Ausflugsziel für Kultur- und Naturliebhaber. Wer mag, unternimmt vom Ortskern noch eine kurze Wanderung zum Wasserturm, der mit einer Lage auf 461 m Höhe einen schönen Weitblick über den Untersee bietet.

Hotel Hirschen Horn

Auf der Halbinsel Höri gelegenes Wellnesshotel mit Blick auf den westlichen Bodensee. Moderne Zimmer und Suiten, stilvoller Spa-Bereich, traditionelles Wirtshaus und exklusive Untersee Stube. Kirchgasse 3, 78343 Gaienhofen, www.hotelhirschen-bodensee.de

ETAPPE 2

Von Gaienhofen nach Meersburg

 88 km ca. 2 Std.   

Die zweite Etappe setzt die Fahrt auf der L 192 am westlichen Bodenseeufer fort und führt inmitten von Wiesen und Bäumen etwas abseits vom See durch die grüne Landschaft. Immer wieder bietet sich rechter Hand ein flüchtiger Blick auf den See, vorrangig passieren Sie entlang der Straße jedoch bewirtschaftete Äcker und Obstgärten. Ähnlich wie in der Schweiz zeichnen sich auch die Ortskerne auf deutscher Seite durch ihre Fachwerkhäuser aus. Kurz hinter dem Ort Moos geht die L 192 über in die Radolfzeller Straße, die eingebettet zwischen dem Radolfzeller Aachried und der Radolfzeller Aachmündung durch eine wunderschöne Pappelallee geradewegs auf **Radolfzell** zuführt.

Radolfzell ist mit dem längsten begehbaren Uferabschnitt am Bodensee einen Zwischenstopp wert. Aus dem einst beschaulichen Fischerdorf ist heute eine einnehmende Kleinstadt mit hübschen Altstadtgassen und historischen Gebäuden erwachsen.

Einkehr am Gleis

Gemütliches Restaurant im modernen Ambiente mit regionalen Gerichten für den kleinen oder großen Hunger. Schöner Gastgarten. Unterdorfstraße 24, 78315 Radolfzell am Bodensee, www.amgleis.de

Das Münster, mit dem höchstem Kirchturm am ganzen Bodensee, überragt als Wahrzeichen die Stadt und bietet einen tollen Ausblick über die Häuserdächer

und den See. Ein Spaziergang lohnt sich auch auf die Halbinsel Mettnau, die nur wenige Gehminuten von der Altstadt entfernt liegt, zu einem der ältesten Naturschutzgebiete Deutschlands zählt und einen herrlichen Blick über den See bis zur Insel Reichenau bietet.

VON INSEL ZU INSEL

Nehmen Sie für die Weiterfahrt die ufernahe Radolfzeller Straße, die Sie durch den Stadtteil Markelfingen aus Radolfzell hinaus und über Allensbach auf die B 33 in Richtung Konstanz bringt. Noch bevor Sie die Stadteinfahrt von Konstanz erreichen, zweigt rechter Hand die Pirminstraße ab (Ausschilderung »Reichenau«). Diese führt über einen von hohen Pappeln gesäumten Damm auf die **Insel Reichenau**. Der Mitte des 19. Jahrhunderts erbaute Damm bildet mit der großen Pappel-

Von Pappeln flankiert führt der Reichenauer Damm vom Bodenseeufer zur Insel Reichenau.

Das ***Münster St. Maria und Markus****, einst Klosterkirche einer Benediktinerabtei, ist heute eine katholische Pfarrkirche auf der Insel Reichenau. Sie ist die größte der drei romanischen Kirchen der Insel.*

Weitere Details in der ADAC Trips App

allee das Ende der Deutschen Alleenstraße, die auf 3000 km Länge einmal quer durch Deutschland von der Insel Rügen an den Bodensee führt.
Die Insel Reichenau selbst ist die größte Insel im Bodensee und zählt mit dem Kloster Reichenau zum UNESCO-Welterbe. Neben ihren kulturhistorisch herausragenden Stätten bietet das 4,3 km² große Eiland aber auch viele Möglichkeiten für Freizeitaktivitäten wie Wandern, Radfahren oder Wassersport.
Wieder zurück auf dem Festland, geht es auf direktem Weg über die B 33 vorbei am Flugplatz ins Stadtgebiet von Konstanz, dessen historische Altstadt über die Alte Rheinbrücke oder zu Fuß über die Fahrradbrücke zu erreichen ist.

IN DER BODENSEEMETROPOLE

Konstanz ist die größte Stadt am Bodensee und grenzt mit seiner Altstadt unmittelbar an die Schweizer

Die Klosterinsel Reichenau ist heute UNESCO-Weltkulturerbe.

Die »Blumeninsel« Mainau ist zu jeder Jahreszeit einen Besuch wert.

Stadt Kreuzlingen. Bei einem Rundgang durch die Altsadt können Sie historische Gebäude wie das Patrizierhaus, das Konzilhaus und das Münster erkunden. Nördlich davon schließt sich mit der Niederburg der älteste Stadtteil von Konstanz an, wo Sie durch enge, malerische Gassen vorbei an hübschen Fassaden und kleinen Weinstuben und Lokalen kommen. Auch der Hafen lohnt eine Stippvisite, vor allem im Sommer, wenn sich ein fast schon mediterranes Flair über die Promenade und das Rheinufer mit seinen Biergärten am Wasser ausbreitet.

Über die B 33 haben Sie das Stadtzentrum schnell verlassen. Im Stadtteil Staad zweigen Sie links auf die L 219 ab, um dem nördlichen Uferverlauf des Obersees zu folgen. Würden Sie der B 33 bis zu ihrem Ende folgen, würden Sie zum Fährhafen gelangen, wo mehrmals täglich die wichtigste Autofährverbindung über den Bodensee nach Meersburg ablegt.

Kurz hinter Konstanz erstreckt sich vor dem Festland die **Insel Mainau**. Sie ist die drittgrößte Insel im Bodensee und wird aufgrund ihrer subtropischen

*Bei einer Reise durch die Unterwasserwelt von **Sea Life** Konstanz folgen Besucher dem Verlauf des Rheins von seiner Quelle bis in die Nordsee. Unterschiedliche Themenwelten führen in die Artenvielfalt unserer Erde ein.*

Weitere Details in der ADAC Trips App

Brasserie Colette Tim Raue

Name und Konzept stammen aus der Feder des mehrfach ausgezeichneten Starkochs, entsprechend fein interpretiert werden die Klassiker der französischen Küche in einem stilvollen Ambiente. Brotlaube 2a, 78462 Konstanz, www.brasseriecolette.de/konstanz

Vegetation auch als »Blumeninsel« bezeichnet. Mit einer ständig wechselnden Blüte ist die Insel das ganze Jahr über einen Besuch wert und bietet mit Schmetterlingshaus, Palmenhaus, italienischer Blumen- und Wassertreppe sowie jährlicher Orchideenschau viele botanische Highlights, aber auch Attraktionen für Kinder. Die Insel ist für den Motorverkehr gesperrt, nur für Restaurantgäste (ab 18 Uhr) und Angestellte ist die Zufahrt gestattet. Besucher nutzen den großen, kostenpflichtigen Parkplatz am Festland und erreichen die Insel über den Steg. Auch für den Besuch der Insel Mainau selbst wird eine Eintrittsgebühr erhoben.

Kleine Orte, wie hier Bodman-Ludwigshafen, reihen sich wie Perlen am Bodenseeufer entlang.

ZWISCHEN WASSER UND WEIN

Schnell wird die Landschaft entlang der L 219 auf der Weiterfahrt wieder ländlicher. Hinter Dettingen folgen Sie der L 220, die nun etwas weiter weg vom Ufer verläuft. Wie auf den vorangegangenen Kilometern auch ist Landschaft links und rechts der Straße geprägt vom Obstanbau. Folgen Sie den Straßenschildern und Sie erreichen schon bald die Ortseinfahrt von **Bodman-Ludwigshafen**, das sich in die Ortsteile Bodman südlich und Ludwigshafen nördlich des Seearms unterteilt und vom Naturschutzgebiet Aachried getrennt wird.

Zweigen Sie hinter dem Ortszentrum von Ludwigshafen rechts ab auf die B 31, deren Verlauf Sie zwischen See, Bahngleisen und Obstplantagen auf mehreren Kilometern Länge folgen. Die ufernahe Straße führt Sie durch Sipplingen, vorbei an Badestrand und Bootshafen immer entlang der Bahngleise bis nach **Überlingen**.

Über 1250 Jahre liegen die Anfänge von Überlingen zurück, dessen Altstadt beherrscht wird von historischen Patrizierhäusern, dem Münster und dem Rathaus. Die ehemalige Stadtbefestigung bzw. ein Stadtgraben schmiegt sich heute als grüner Gürtel um den alten Kern. Ohnehin kann Überlingen auf eine lange Tradition als Gartenstadt zurückblicken. Bereits Ende des 19. Jahrhunderts wurde der heute unter Denkmalschutz stehende Stadtgarten angelegt. Und nicht nur Überlingen selbst ist grün; weitflächige Obstgärten und Weinberge dominieren das Bild in der Umgebung. Lassen Sie sich bei einem Besuch durch die Altstadt genügend Zeit, genießen

 **Fischhaus Löwenzunft**

Bodenseefisch aus eigenem Fang, Spezialitäten aus eigener Räucherei, hausgemachte Tagesgerichte und mehr im Fischbistro mit offener Schauküche. Für den schnellen Hunger: Knoblauch's Fischbrötle am Verkaufsfenster. Hofstatt 7, 88662 Überlingen, www.knoblauch-bodensee.de

Das Pfahlbaumuseum Unteruhldingen gibt Einblicke in das Leben am Bodensee in der Stein- und Bronzezeit.

Der Stadtgarten von Überlingen ist ein botanisches Highlight am Bodensee.

Eine Reise in die Vergangenheit bietet der Besuch des ***Pfahlbaumuseums*** *in Unteruhldingen. Hier kann man nacherleben, wie die Menschen einst in den auf dünnen Stelzen und mit Schilf gedeckten Häusern am Wasser lebten und arbeiteten.*

Weitere Details in der ADAC Trips App

Sie die verschiedenen Aussichtspunkte und tauchen Sie tiefer in die Geschichte von Überlingen ein.

Die Tour führt weiter über die B 31, schlängelt sich durch Obst- und Weingärten, Wiesen und Wälder immer weiter nach Süden und bietet neben einem schönen Blick auf den See auch immer wieder die Möglichkeit, bei Hofläden und Obstständen frisches Obst aus der Bodenseeregion zu kaufen. In **Unteruhldingen** verlassen Sie die B 31 auf die Meersburger Straße, im weiteren Verlauf Unteruhldinger Straße, die nun nahe dem Ufer direkt auf das historische Zentrum von **Meersburg** zuführt. Hier haben Sie das Ziel dieser Etappe erreicht, das zugleich auch den Endpunkt einer Route der Deutschen Fachwerkstraße markiert. Die 1990 begründete Ferien- und Kulturstraße führt mit acht Regionalstrecken von der Elbe im Norden bis an den Bodensee im Süden und vereint einen beispiellosen Bestand an Fachwerkbauten.

Eine besonders große Anzahl an malerischen **Fachwerkhäusern** finden Sie in Meersburg in der Steigstraße,

die über den Marktplatz zum Obertorturm führt. Bereits Mitte des 20. Jahrhunderts wurde die Meersburger Altstadt als Gesamtensemble unter Denkmalschutz gestellt.
Die historische Altstadt ist unterteilt in die Ober- und Unterstadt mit stolzen 40 Höhenmetern Unterschied. Die Oberstadt glänzt mit einer Vielzahl prachtvoller Bauten wie der Burg Meersburg, dem Neuen Schloss, der Schlosskirche und Museen wie dem Vineum Bodensee, dem Zeppelin-Museum oder der Galerie im Roten Haus. Auch bietet sie von mehreren Punkten eindrucksvolle Ausblicke über die Stadt und den See. Die Unterstadt am Fuß der Burg wurde einst künstlich zur Erweiterung der Stadt aufgeschüttet und erstreckt sich heute entlang der Unterstadtstraße bis zum Vorderen Seetor. Hier finden sich schmucke Fassaden, die mit einem bunten Mix an traditionellen Winzerstuben und modernen Cafés zur Einkehr einladen.

*Einblick in die Geschichte und Kultur des Weines in Meersburg und am Bodensee gibt das interaktive Museum **Vineum**, das auch Führungen samt Weinprobe anbietet.*

Weitere Details in der ADAC Trips App

Ein über die Region hinaus bekanntes Wahrzeichen am Bodensee ist die Burg Meersburg.

ETAPPE 3

Von Meersburg nach Lindau

42 km ca. 1 Std.

Verlassen Sie Meersburg über die B 31. Schnell befinden Sie sich wieder zwischen ausgedehnten Obst- und Weingärten zu beiden Seiten der Straße. Schon kurz hinter Meersburg lohnt ein kleiner Abstecher an den See, wo Sie am Höhenweg Weingüter besuchen, durch Weinberge spazieren oder am Alten Wachturm den malerischen Ausblick genießen können. Dahinter erreichen Sie Hagnau am Bodensee mit einer hübschen Seepromenade und kleinen Lokalen.

Über die gut ausgebaute B 31, die sich teils mit Seeblick, teils mit lang gezogenen Kurven nahe dem Ufer dahinschlängelt, geht es weiter in Richtung Süden, vorbei am Schloss Kirchberg und in einer weiten Schleife um Immenstaad herum, das eingebettet zwischen Apfelbäumen und Weinreben vorrangig von Ferienunterkünften, Restaurants und Cafés im Ortskern beherrscht wird.

Fräulein Seegucker

Lokale Produkte, ehrliches Küchenhandwerk und guten Wein bietet die von Weinreben umgebene Weinschenke des Weinguts Aufricht in den Sommermonaten.
Höhenweg 8, 88719 Stetten,
www.aufricht.de/fraeulein

ZEPPELINSTADT FRIEDRICHSHAFEN

Kurz bevor Sie die B 31 verlassen, fahren Sie am Standort der Airbus Defence und Space vorbei, einem firmeneigenen Ableger des Airbus-Konzerns. Achten

Sie kurz darauf auf die Straßenschilder und zweigen Sie rechts ab auf die Meersburger Straße in Richtung Friedrichshafen, dessen Zentrum Sie über die Stadtteile Fischbach und Windhag erreichen.

Zwar zählt **Friedrichshafen**, übrigens zweitgrößte Stadt nach Konstanz, nicht unbedingt zu den schönsten Städten am Bodensee, hat sich jedoch durch seine bedeutende Rolle in der Luftfahrtgeschichte einen Namen gemacht.

Schloss Kirchberg Appartements

Übernachten in den historischen Gemäuern von Schloss Kirchberg, erbaut im Jahr 1757, mitten in den Weinreben ermöglichen die stilvollen Design-Appartements direkt am Ufer des Bodensees.
Schloss Kirchberg 2, 88090 Immenstaad am Bodensee, www.schlosskirchberg-appartements.com

Diese wird im weithin bekannten Zeppelin Museum umfassend erläutert und findet auch in Denkmälern an

Der Höhenweg nahe Meersburg führt inmitten von Weinbergen durch die Landschaft.

Der Stotz Hof
Hofladen, Café und Eventlocation in einem bietet der moderne Hof etwas abseits vom Seeufer. Frühstück und kleine Snacks, dazu ein Glas prämierter, hofeigener Cider.
Wirrensegel 6, 88677 Markdorf,
www.derstotzhof.de

verschiedenen Standorten in der Stadt Würdigung. Ein Muss in Friedrichshafen: der 22 m hohe Aussichtsturm am Molehafen, der einen wunderbaren Blick über den See und die Berge, die Stadt und die dahinterliegenden Obstgärten bereithält. Die Seepromenade wiederum ist gesäumt von Restaurants und Cafés, von denen aus sich das Treiben an Land und auf dem Wasser gemütlich beobachten lässt.

ORTE ZUM FLANIEREN

Setzen Sie die Fahrt über die Friedhofstraße und Eckener Straße fort, genießen Sie nochmals den Blick auf den Hafen von Friedrichshafen, bevor Sie entlang des Eriskircher Ried wieder auf die B 31 auffahren. Diese verlassen Sie kurz darauf an der L 334, um über die Friedrichshafener Straße nach **Langenargen** zu gelangen. Die Dichterin Annette von Droste-Hülshoff

Luft- und Raumfahrtgeschichte zum Anfassen gibt's im Dornier Museum.

Schloss Montfort wurde Mitte des 19. Jahrhunderts im maurischen Stil errichtet.

Das moderne, einem Hangar nachgebildete ***Dornier Museum Friedrichshafen*** *präsentiert 100 Jahre Luft- und Raumfahrtgeschichte, die von Zeppelin-Konstrukteur Claude Dornier in Friedrichshafen begründet wurde.*

Weitere Details in der ADAC Trips App

schrieb einst, dass Langenargen »nur mit den schönsten Ansichten bei Genua und Neapel vergleichbar« sei. Der Ort selbst ist zwar nicht groß, bietet mit dem auf einer kleinen Halbinsel gelegenen **Schloss Montfort** aber ein hübsches Wahrzeichen. Wer mag, genießt im Restaurant-Café mit Sonnenterrasse einen Kaffee oder steigt den Schlossturm hinauf, der einen Rundumblick über den See, die gegenüberliegenden Schweizer Alpen und das Hinterland auf deutscher Seite ermöglicht.
Über die Lindauer Straße verläuft die Etappe nun weiter auf der L 334, die parallel zu einer kleinen Hängebrücke die Argen überquert und nochmals einen kurzen Blick auf den See freigibt. Über die links abzweigende Argenstraße geht es dann direkt nach **Kressbronn am Bodensee**. Fast 80 % des Gemeindegebietes zeichnen sich durch Land- und Forstwirtschaft aus. Bekannt ist Kressbronn – eines der größten Obstanbaugebiete Deutschlands – vor

Der Zwiebelturm von Kressbronn in einem der größten Obstanbaugebiete vor der Kulisse der schneebedeckten Alpen

allem für frische und knackige Äpfel. Doch auch so manch Hochprozentiges wird in der Region destilliert. Von der kleinen Uferpromenade im Ort bietet sich ein herrlichen Blick in die Berge. Wer mag, unternimmt hier einen gemütlichen Spaziergang, etwa entlang dem Bauernpfad, einem 2,5 km langen Lehrpfad, der sich dem Hopfen-, Wein- und Obstanbau widmet, zum Apothekergarten am Nunzenberg oder durch den Schlösslepark, das grüne Herz Kressbronns.

Kurz hinter Kressbronn passieren Sie auf der Hauptstraße ins wenige Kilometer entfernte Nonnenhorn die Landesgrenze nach Bayern und lassen Baden-Württemberg für den Rest dieser Tour hinter sich. Die Region um **Nonnenhorn** ist wie Kressbronn geprägt vom Obst- und Weinanbau, der Ortskern ist mit seinen vielen Cafés, Restaurants, einem kleinen Hafen und dem Uferpark vor allem für Urlauber und Tagesgäste ein beliebtes Ziel. Im Wappen spiegelt sich die kulinarische Vielfalt der Region wider: Das namensgebende Füllhorn verweist mit Weintrauben, Äpfeln und Birnen auf die reichhaltige Ernte. Der Weinanbau reicht bis ins Jahr 875 zurück, viele Landwirte haben sich seither der Herstellung edler Tropfen verschrieben. Ein Beleg dafür ist der Nonnenhorner Weintorkel – eine der ältesten Weinpressen der Region.

Mit Weiterfahrt über die Friedrichshafener Straße, die weiterhin auf beiden Seiten von Obstbäumen gesäumt ist, erreichen Sie **Wasserburg**, den letzten Zwischenstopp auf dieser Tour, bevor Sie den Bodensee einmal komplett umrundet haben. Wasserburg ähnelt in gewisser Weise Kressbronn und Nonnenhorn, besitzt einen hübschen Ortskern und eine denkmalgeschützte Halbinsel mit barocker Pfarrkirche, Schloss und Gerichtshaus. Genießen Sie bei einem Spaziergang entlang der Promenade den Blick über den See vor der Kulisse der Alpen.

Die letzten Kilometer dieser Tour führen Sie über die schmale und teils leicht kurvige Höhenstraße noch einmal vorbei an Obstgärten nach Bad Schachen, einem Stadtteil von **Lindau**, von wo an Sie über die Schachener Straße und Wackerstraße ins Zentrum von Lindau gelangen. Hier haben Sie wieder den Ausgangspunkt und somit auch das Ende dieser Tour erreicht.

PINOT – Die Weinbar

Mitten in den Weinbergen und mit Blick auf den Bodensee überrascht die Bar am Hof von Winzerfamilie Schmidt mit ihrer außergewöhnlichen Architektur.
Hattnau 62, 88142 Wasserburg,
www.schmidt-am-bodensee.de

Hotel Caraleon

Neben den hübschen Zimmern und Suiten, teils mit Seeblick, beeindruckt in direkter Lage am See vor allem die mehrfach prämierte, alpenländische Küche mit mediterranem Einfluss.
Halbinselstraße 70, 88142 Wasserburg,
www.caraleon.de

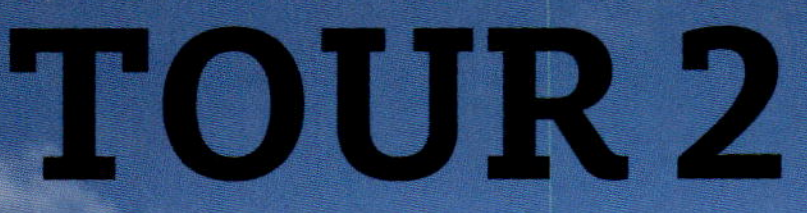

TOUR 2

In den Bergen

Gipfel, Dörfer und Pässe der Allgäuer Alpen

Auf dieser Tour, die am Bodensee startet, tauchen Sie ein in die Berge des West- und Ostallgäus, lernen hübsche kleine Bergdörfer kennen, passieren gleich mehrmals die Grenze ins benachbarte Österreich und haben dabei die imposanten Gipfel der Allgäuer Alpen immer im Blick. Mit der höchstgelegenen und der kurvenreichsten Passstraße Deutschlands erwarten Sie zudem gleich zwei fahrtechnische Highlights. Ausflugstipps entlang der Strecke bringen Sie zu den schönsten Naturschauplätzen auf dieser Tour, die in Pfronten im Ostallgäu ihr Ende findet.

Siehe Seite 62

Landschaftlich reizvoll ist die Tour durch die Allgäuer Alpen, die immer wieder entlang der Deutschen Alpenstraße führt.

Die Tour auf einen Blick

ORTE ENTLANG DER ROUTE

1. Bregenz – Scheidegg – Lindenberg – Oberreute – Oberstaufen

2. Oberstaufen – Krumbach – Hittisau – Balderschwang – Fischen – Oberstdorf

3. Oberstdorf – Sonthofen – Bad Hindelang – Oberjoch – Tannheim – Grän – Pfronten

KILOMETER
ETAPPE 1: 53 KM
ETAPPE 2: 52 KM
ETAPPE 3: 56 KM

Navigation und GPX-Download

REINE FAHRTZEIT
ETAPPE 1: 1¼ STUNDEN
ETAPPE 2: 1¼ STUNDEN
ETAPPE 3: 1¼ STUNDEN

ETAPPE 1

Von Bregenz nach Oberstaufen

53 km ca. 1¼ Std.  

Die Tour startet in **Bregenz** in Österreich, genauer am Fuß des Pfänders, der als westlicher Ausläufer der Allgäuer Alpen nicht nur der Hausberg von Bregenz, sondern auch bei Lindauern ein beliebtes Ausflugsziel ist. Kein Wunder, bietet sich oben auf 1064 m doch ein einzigartiger Panoramablick über zahllose Berggipfel in Deutschland, Österreich und der Schweiz.
Sie verlassen das Zentrum von Bregenz über die B 190, die Bregenzer Straße, und fahren direkt am Ufer des Bodensees in nördliche Richtung. Den See haben Sie dabei noch einige Zeit im Blick. Bei Lochau entfernt sich die Strecke langsam vom See und es geht durch kleinere Vororte und Industriegebiete von Lindau zunächst über die Grenze nach Deutschland, bevor Sie kurze Zeit später auf den Bösenreutiner Steig abzweigen, der in die Bodenseestraße übergeht und parallel zur viel befahrenen A 96 über Schlachters auf die B 308 führt. Immer wieder fällt Ihr Blick links und rechts der Straße auf Obst- und Weingärten, ein typisches Bild in der Bodenseeregion.

Zum Hirschen – hotel & gasthaus beim stöckeler
Traditionsgasthaus mit saisonaler alpenländischer Küche, gemütlichen Stuben und schattigem Garten.
Kirchstraße 1, 88175 Scheidegg,
www.zumhirschenscheidegg.de

GRENZFAHRT

Ab nun befinden Sie sich auf der **Deutschen Alpenstraße**, die von Lindau am Bodensee quer durch Bayern bis zum Königssee verläuft und zu den beliebtesten Sehenswürdigkeiten des südlichen Bundeslandes führt. Vorbei an Wiesen und Wäldern, folgt die Strecke zunächst einer langen Geraden knapp nördlich der Grenze zu Österreich, bevor auf Höhe Niederstaufen der sogenannte **Rohrach Anstieg** beginnt. Dabei handelt es sich um die einzige Serpentinenstraße im Westallgäu, und diese windet sich über sieben Kehren und eine Steigung von bis zu 9 % durch einen Wald hoch nach Scheidegg. Noch bevor Sie Scheidegg erreichen, lohnt ein Zwischenstopp an den **Scheidegger Wasserfällen**. Vom Parkplatz ist es nur

*40 m hoch und 540 m lang ist der **Skywalk Allgäu**, ein beliebter Baumwipfelpfad südlich von Scheidegg mit Panoramablick in die Allgäuer Alpen und über den Bodensee.*

Weitere Details in der ADAC Trips App

Im Sommer ist die Sunset Bar am Fischersteg in Bregenz ein beliebter Treffpunkt für einen Drink.

Über sieben Kehren führt der Rohrach Anstieg durch den Wald hoch nach Scheidegg.

ein kurzer Spaziergang zu den beiden Wasserfällen, die mit 22 und 18 m Höhe von mehreren Aussichtspunkten zu sehen sind.

Über die B 308 setzen Sie die Fahrt entlang dem Scheibenbach fort und passieren am Kreisverkehr die Ortseinfahrt von **Scheidegg**. Die sich über ein Hochplateau (600 bis 1000 m) erstreckende Marktgemeinde gilt als einer der sonnenreichsten Orte Deutschlands und lädt mit einem hübschen Ortsbild, Cafés und Läden zu einem Stopp ein. Sie verlassen Scheidegg in nördliche Richtung, passieren erneut den Kreisverkehr und setzen die Fahrt entlang der B 308, der Deutschen Alpenstraße, fort. Kurz hinter Haus zweigt die Straße rechts in südliche Richtung ab, wo Sie in einer lang gezogenen Linkskurve einen herrlichen Blick in die Alpen erhalten. Dieser Weitblick begleitet Sie von nun an auf den nächsten Kilometern, was die Fahrt über die kurvenarme Bundesstraße zum besonderen Genuss macht. Wer mag, nimmt am Kreisverkehr bei **Lindenberg im Allgäu** die Ausfahrt ins Ortszentrum und besucht das kleine Städtchen, welches im frühen 20. Jahrhundert ein Zentrum der Hutindustrie war. Noch heute erinnern der Hutmacherplatz, der jährlich stattfindende Hut-Tag sowie das Deutsche Hutmuseum an damalige Zeiten.

 **Dorfwirtschaft Hirschen beim Fezzo**

Bodenständige Küche mit saisonalen Gerichten in lässig-modernem Ambiente.
Irsengund 15, 88179 Oberreute, www. fezzo-hirschen.de

IM ANGESICHT DER ALPEN

Die nächsten Kilometer verlaufen – zurück auf der Deutschen Alpenstraße – in einem weiten Bogen vorbei an einzelnen Höfen und landwirtschaftlich genutzten Wiesen und Feldern. Kurz nach einer langen Linkskurve und weniger als einen Kilometer vom Ort entfernt, wird der Blick frei auf den Kirchturm von **Oberreute**, der hinter einer kleinen Kuppe vor den Kämmen der Nagelfluhkette hervorsticht. Der Luftkurort liegt umgeben von Wiesen und Weiden, Bächen, Mooren und Schluchten und bietet reizvolle Wandermöglichkeiten, etwa in die 3 km lange Hausbachklamm oder zum Wildrosenmoos.

Hinter Oberreute wird die B 308 allmählich kurviger, die Berge bleiben in der Ferne aber fast durchgehend im Blick. Nach einer lang gezogenen Rechtskurve auf Höhe von Vorderreute folgt eine enge Linkskurve, die in eine lange Gerade mit einem Gefälle von bis zu 10 % hinab nach Oberstaufen übergeht. Zweigen Sie bereits vor der Ortseinfahrt links auf den Stießberg ab. Von Westen her kommend, haben Sie mit dem Zentrum auch das Ziel dieser Etappe, Oberstaufen, erreicht. Eingebettet in die Kulisse des Naturparks Nagelfluhkette, ist **Oberstaufen**, nah an der österreichischen Grenze gelegen, ganzjährig einen Besuch wert. Vor den Toren der Marktgemeinde liegen mit dem Hochgrat (1834 m), dem höchsten Berg im Naturpark Nagelfluhkette, dem Hündle (1112 m) und dem Imberg (1325 m) beliebte Wander- und Skigebiete; im Ortszentrum vermischt sich der traditionelle Charme familiengeführter Hotels und Restaurants mit einem jungen und modernen Lifestyle.

 **Resort Bergkristall**

Familiengeführtes 4-Sterne-Wellnesshotel mit modernen Zimmern und Suiten mit Bergblick. Mehrfach ausgezeichnetes Wellness- und Kulinarikangebot.
Willis 8, 87534 Oberstaufen, www.bergkristall.de

ETAPPE 2

Von Oberstaufen nach Oberstdorf

 52 km ca. 1¼ Std.  

Auf der Weiterfahrt von Oberstaufen lassen Sie die Deutsche Alpenstraße erst einmal hinter sich, denn diese Etappe führt Sie erneut über die Grenze ins benachbarte Österreich. Sie verlassen zunächst das Ortszentrum von Oberstaufen in südwestliche Richtung und folgen der St 2005. Entlang von Wiesen und Weiden, geht es hie und da vorbei an einzelnen Häusern und Höfen. Direkt hinter Aach im Allgäu, das noch als Ortsteil von Oberstaufen zählt, passieren Sie die Grenze zu Österreich. Von hier an folgen Sie der B 205 durch den **Bregenzerwald** im österreichischen Bundesland Vorarlberg. Die schmale Bundesstraße verläuft in einem sanften Auf und Ab, gesäumt von Wiesen und Wäldern, und bietet anfangs einen Blick über den nördlichen Bregenzerwald. Hinter Meierhof überquert die Straße das kleine Flüsschen Bolgenach über die Neue Bärentobelbrücke, macht dann nochmals einen Schwenk nach links, bevor es geradewegs auf die Ortschaft **Krumbach** zugeht.

*Die **Buchenegger Wasserfälle** südlich von Oberstaufen speisen zwei natürliche Wasserbecken mitten in einem der letzten ursprünglichen Wälder Deutschlands.*

Weitere Details in der ADAC Trips App

Die kleine Vorarlberger Gemeinde hat sich vor allem unter Architekturinteressierten einen Namen gemacht: Für das Projekt »BUS:STOP Krumbach«

wurden Architekten aus sieben Ländern eingeladen, um sieben Bushaltestellen im Gemeindegebiet zu gestalten. Entstanden sind sieben innovative »Buswartehüsle«, die durch ihre besondere Architektur ins Auge fallen.

EIN AUGE FÜR ARCHITEKTUR

Schon in Krumbach, aber auch auf der Weiterfahrt entlang der Straße fallen die charakteristischen Wälderhäuser auf, die traditionellen bäuerlichen Häuser des Bregenzerwalds, die zunehmend in einer modernen Bauweise nachgeahmt werden. Die B 205 führt als schmale, lang gezogene Überlandstraße weiter in südliche Richtung und bietet immer wieder reizvolle Ausblicke auf die hügeligen Wiesen und Wälder. Geht es anfangs nur an einzelnen Höfen vorbei, wird die Besiedelung allmählich immer dichter, bis Sie schließlich

Ein herrliches Idyll für sommerliche Abkühlung sind die Buchenegger Wasserfälle.

Wie ein saftig grüner Teppich breitet sich die Landschaft im Bregenzerwald aus.

das Ortsschild von **Hittisau** passieren und kurze Zeit später ins Ortszentrum gelangen. Die Straße führt Sie direkt zum Dorfplatz, der mit Gasthäusern und Kirche das Zentrum von Hittisau bildet. Auch hier finden Sie Häuser in der typischen Bregenzerwälder Bauweise.

Wer mehr über den Bregenzerwald, seine Menschen und deren bewussten und nachhaltigen Umgang mit der Natur und Kultur erfahren möchte, erhält auf dem **Umgang Bregenzerwald** Gelegenheit dazu. Es handelt sich dabei um insgesamt zwölf leicht zu begehende Wege durch Dörfer mit spannender Architektur. Unterwegs bieten Informationssäulen Einblicke in Geschichte, Architektur und das Leben der Menschen.

Setzen Sie die Fahrt in östliche Richtung entlang der sich am Talboden dahinschlängelnden L 5 fort. Begleitet vom Blick über die Dörfer und Berge des Bregenzerwalds verläuft die Strecke in leichtem Anstieg nördlich der Bolgenach, die in entgegengesetzter Richtung vom Oberallgäu bis nach Krumbach fließt. An der kleinen Brücke über den

*Das **Frauenmuseum** in Hittisau beleuchtet in einem modernen Holzbau die kulturelle und gesellschaftliche Rolle von Frauen.*

Weitere Details in der ADAC Trips App

Dosenbach passieren Sie die Landesgrenze nach Deutschland und befinden sich ab jetzt auf der OA 9 und damit wieder im Allgäu. Die letzten Kilometer bis Balderschwang verlaufen mit stetem Blick auf die Berge der Nagelfluhkette und führen vorbei an einzelnen Höfen, bis kurze Zeit später das Zentrum von **Balderschwang** erreicht ist. Die kleine Gemeinde mitten im Naturpark Nagelfluhkette bietet ein überschaubares Ortszentrum und hat doch alles, was Naturliebhaber zu schätzen wissen: idyllische Bergwälder, malerische Alpweiden, markante Felsformationen, hohe Schneesicherheit im Winter und eine große Brauchtumstradition.

 **Hotel Gasthof Krone**

Mehrfach ausgezeichnet ist das Haus, dessen Fassade direkt am Dorfplatz sofort ins Auge springt. Drinnen kommt in den gemütlichen Stuben saisonale und regionale Küche auf hohem Niveau auf den Tisch. Am Platz 185, 6952 Hittisau, www.krone-hittisau.at

AM HÖCHSTEN GEBIRGSPASS DEUTSCHLANDS

Was nun folgt, ist das fahrtechnische Highlight dieser Etappe. Denn vor Ihnen liegt die Riedbergstraße, die Sie hoch bis zum **Riedbergpass** auf 1407 m bringt. Dieser ist der höchste befahrbare Gebirgspass in Deutschland, liegt nahe am Riedberger Horn (1787 m)

Bitte warten – beim Viehscheid haben die Kühe Vorrang auf den Straßen.

Pures Fahrvergnügen bietet die Straße hinauf zum Riedbergpass, dem höchsten befahrbaren Gebirgspass Deutschlands.

und verbindet Oberstdorf mit dem Bregenzerwald. Bereits Mitte des 19. Jahrhunderts gab es erste Bestrebungen für den Bau dieser wichtigen Passstraße, die jedoch immer wieder scheiterten. Balderschwang stellte zu dieser Zeit noch eine Exklave dar, auf Initiative der Anwohner begann 1956 schließlich der Bau des Straßenanschlusses ins deutsche Staatsgebiet. 1961 konnte die Straße fertiggestellt und als Mautstraße freigegeben werden, bis sie im Jahr 1972 mautfrei wurde.
Verläuft die Straße auf den ersten Kilometern noch relativ geradlinig, wird die Streckenführung ab dem Parkplatz zur Scheuen Alp kurvenreicher, auch die Steigung nimmt zu. Bis zu 16 % Steigung bzw. Gefälle erwarten Sie zwischen Balderschwang und Obermaiselstein, was die Passstraße zu einer der steilsten Deutschlands macht. Da die Straße zwar kurvig, aber ohne Kehren verläuft, ist sie sehr schön und zügig zu fahren. Am Straßenrand sehen Sie immer wieder braune Schilder, die mit alten Flurnamen, Geländebezeichnungen und Wegmarken an den einst beschwerlichen Weg über den Pass erinnern.
Vom Pass windet sich die Straße hinab nach **Obermaiselstein**, wo Sie plötzlich wieder ein weiter Blick über den

Gaisbock – Die Dorfalpe

Hüttenfeeling mitten im Ort: urig-modernes Restaurant mit gemütlichen Stuben und typisch traditioneller Küche mit Zutaten überwiegend aus heimischer Landwirtschaft. Hauptstraße 11, 87538 Fischen im Allgäu, www.dorfalpe.de

Alpe Dornach

15 Zimmer und Suiten in modern-alpenländischem Stil, auf 1000 m Höhe mit Panoramablick über die Oberstdorfer Berge und alpiner Kulinarik. Sesselweg 16, 87561 Oberstaufen, www.alpe-dornach.de

Talkessel und die umliegenden Berge empfängt. Kurz hinter der Ortsausfahrt geht die OA 5 in die OA 9 / Beslerstraße über, die Sie direkt nach **Fischen im Allgäu** bringt. In idealer Lage zwischen dem Naturpark Nagelfluhkette, den Allgäuer Hochalpen und der Iller, ist der kleine Ort im Oberallgäu ein guter Ausgangspunkt für Unternehmungen in den Bergen.
In Fischen im Allgäu fahren Sie auf die B 19 in südliche Richtung, verlassen diese wieder im Kreisverkehr kurz nach Überqueren der Breitach und steuern, aus nördlicher Richtung kommend, über die Sonthofener Straße **Oberstdorf**, das Ziel dieser Etappe, an.
Oberstdorf gilt als die südlichste Gemeinde Deutschlands und hat sich über die Jahre vor allem mit internationalen Wintersportevents einen Namen gemacht. Doch nicht nur im Winter lohnt ein Besuch, in den schneefreien Monaten locken ein kilometerlanges Wander- und Radnetz, gemütliche Almhütten, imposante Naturschauplätze und ein charmantes Dorfleben. Bummeln Sie durch die Fußgängerzone, genießen Sie den Anblick der hübschen Häuser vor der Kulisse der Berge und lassen Sie sich in den Restaurants, Cafés und Biergärten kulinarisch verwöhnen.

*Die **Breitachklamm** ist eine bis zu 90 m tiefe Schlucht. Ein gemütlicher und gut gesicherter Rundweg führt in rund 3 m Höhe vorbei an wilden Wasserstrudeln und tosenden Stromschnellen.*

Weitere Details in der ADAC Trips App

ETAPPE 3

Von Oberstdorf nach Pfronten

56 km ca. 1¼ Std.  

Mit dem Söllereck im Rückspiegel, verlassen Sie Oberstdorf über die OA 4 in nördliche Richtung. Hier, etwa 2 km vom Ortskern entfernt, hat auch die Iller ihren Ursprung, die sich aus den drei Quellflüssen Trettach, Stillach und Breitach speist.
Zu Ihrer Rechten haben Sie einen imposanten Blick auf die Gipfel der Allgäuer Hochalpen, zu Ihrer Linken die Gipfel des Naturparks Nagelfluhkette, während Sie der leicht kurvigen Bundesstraße am Talboden in Richtung Sonthofen folgen. Auf Höhe Hinang finden Sie direkt an der Straße einen Parkplatz, von dem Sie eine kurze, gemütliche Wanderung zum idyllisch gelegenen, 12 m hohen **Hinanger Wasserfall** unternehmen können.
Die Weiterfahrt über die OA 4 bringt Sie recht zügig nach **Sonthofen**, wo Sie von der Marktstraße im Ortszentrum rechts auf die Hindelanger Straße abbiegen und sich kurz darauf wieder auf der B3 08 und somit der Deutschen Alpenstraße befinden.

s'handwerk – craft food & beer
Hier gibt es echtes Kochhandwerk mit regionalen Zutaten, dazu eine erlesene Auswahl an Craftbieren, Drinks und hausgemachte Kuchen in modernem Ambiente.
Rathausplatz 1, 87527 Sonthofen,
www.shandwerk.de

KURVENREICHES FAHRVERGNÜGEN

Diese verläuft nun parallel zur Ostrach, einem Zufluss der Iller, quert diese einmal, bis Sie kurze Zeit später **Bad Hindelang** erreichen. Die rund 5000 Einwohner zählende Gemeinde besticht vor allem durch ihre intakten Natur. Die Wiesen rund um den Kurort zählen zu den artenreichsten Deutschlands, weshalb die hochalpine Allgäuer Alpwirtschaftskultur von der UNESCO als immaterielles Kulturerbe ausgezeichnet wurde. Rund 80 % der Gemeindefläche stehen sogar unter Landschafts- und Denkmalschutz.
Im Ort selbst wiederum sind es urig alte Bauernhäuser, die Ihnen ins Auge fallen werden.
Noch im Ortsgebiet, aber schon auf der B 308, beginnt der Anstieg hoch zum Oberjoch. Vor Ihnen liegt der **Oberjochpass**, eine der beliebtesten Ausflugsstraßen in Bayern. Bereits Mitte des 16. Jahrhunderts angelegt, entwickelte sich die Route schnell zu einem wichtigen Handelsweg und wurde Ende des 19. und Mitte des 20. Jahrhunderts wiederholt erneuert und an das erhöhte Verkehrsaufkommen angepasst.

Auf etlichen Kehren windet sich der Oberjochpass durch malerische Berglandschaft.

UMSTEIGEPUNKT
SONTHOFEN

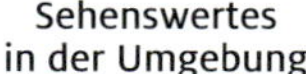

Eingebettet zwischen den Gebirgsflüssen Iller und Ostrach sowie dem Panorama der Oberallgäuer Berge liegt der Luftkurort Sonthofen auf rund 750 m Höhe. Die südlichste Stadt Deutschlands wirbt mit dem Slogan »Stadt der kurzen Wege«: Schnell ist man aus der Stadt draußen in der großartigen Natur. Neben der gemütlichen Fußgängerzone mit Einkaufsmöglichkeiten lädt die Altstadt rund um das Sonthofer KulturViertel mit dem AlpenStadtMuseum, der StadtHausGalerie und der KulturWerkstatt ein, mehr über die Kunst und Kultur der Region zu erfahren.

AUSFLUGSTIPP

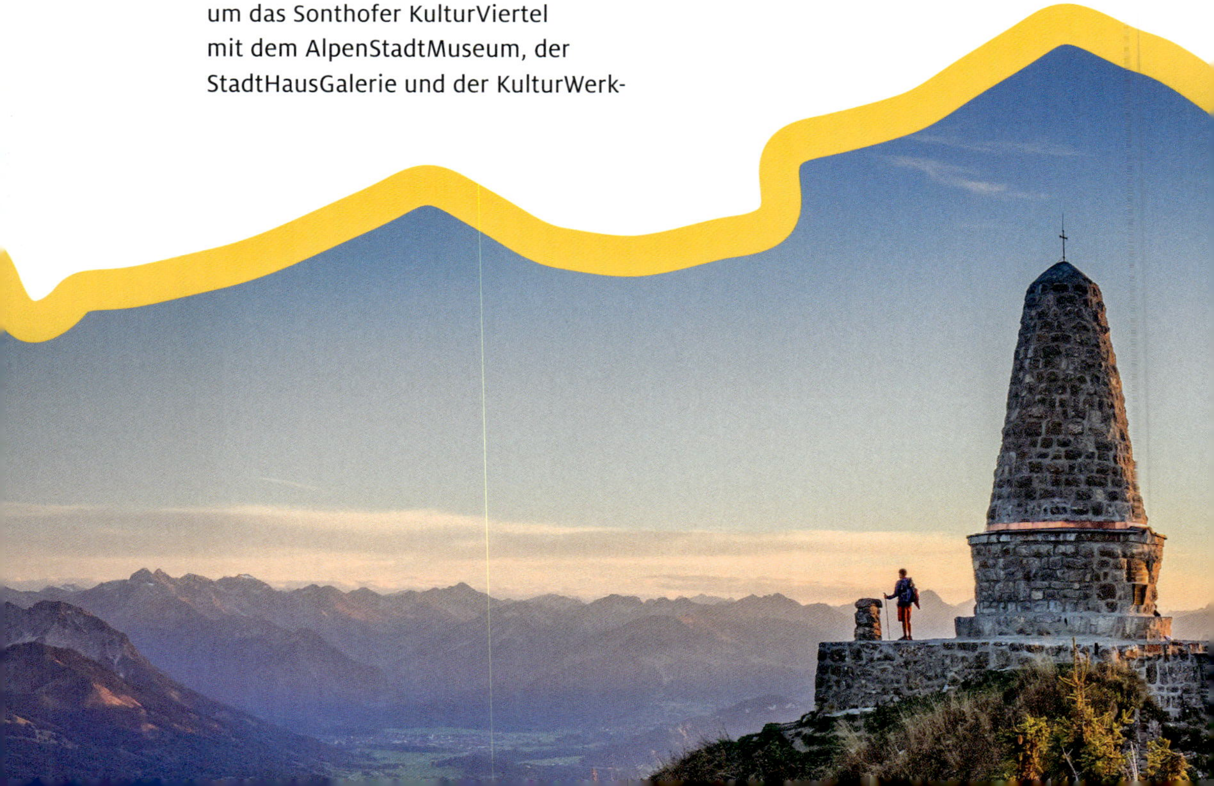

Der **Grünten** ist der Hausberg der Region Alpsee-Grünten und wird von den Allgäuern gemeinhin auch als »Wächter des Allgäus« bezeichnet. Sein Erkennungszeichen ist der 94,5 m hohe Sendemast des Bayerischen Rundfunks. Viele Wanderwege führen vorbei an Einkehrmöglichkeiten auf den 1738 m hohen Berg, der, oben angekommen, ein traumhaftes 360-Grad-Panorama bereithält.

Kirche St. Michael in Sonthofen

ZUR TOUR 3

In Sonthofen können Sie zur Tour 3 Richtung Isny im Allgäu oder Reutte in Tirol umsteigen.

Auf dem Gipfel des Grünten

Der Aussichtspunkt »Kanzel« am ***Oberjochpass*** *bietet bei klarer Sicht ein atemberaubendes Panorama über Bad Hindelang bis zur Hörner- und Nagelfluhkette.*

Weitere Details in der ADAC Trips App

Die Passstraße überwindet auf einer Länge von 6,4 km einen Höhenunterschied von 400 m und führt in etlichen Kehren hoch auf 1178 m. Der Pass selbst liegt dabei erst hinter dem Ort Oberjoch, kurz vor der Grenze hinüber ins österreichische Tannheimer Tal. Bekannt und beliebt ist die Passstraße aber vorrangig aufgrund der vielen Kehren, die sich direkt nach Bad Hindelang in rascher Abfolge nach oben schrauben. 106 Kurven und Kehren sollen es sein, die bei Auto- und Motorradfahrern gleichermaßen für großes Fahrvergnügen sorgen. Eine beträchtliche Anzahl, die wohl dadurch zustande kommt, dass jeder »nicht gerade« Straßenabschnitt mitgezählt wurde. Doch so oder so: Das Kurvenfeeling hoch zum Oberjochpass ist in jedem Fall einzigartig.

In **Oberjoch**, einem beliebten Wander- und Wintersportort, der von touristischer Infrastruktur geprägt ist, halten Sie sich im Kreisverkehr rechts und

Kurviges Vergnügen bietet die Fahrt nach Oberjoch.

Nur einen Katzensprung von Tannheim entfernt liegt der Haldensee in herrlicher Umgebung.

bleiben auf der B 308 in Richtung Reutte/Tirol. Vorbei an den Aufstiegsanlagen, erreichen Sie in einer Rechtskurve den eigentlichen Jochpass und passieren kurze Zeit später die Grenze nach Österreich. Sie befinden sich nun im **Tannheimer Tal**, das als eines der schönsten Hochtäler Europas gilt. Direkt an der Grenze lichtet sich der Wald und Sie folgen der B 199 durch die Gemeinden Schattwald und Zöblen, von wo Sie auf den weiteren Kilometern immer das Neunerköpfle, den Hausberg von Tannheim, im Blick haben.
Die gut ausgebaute Bundesstraße verläuft ohne nennenswerte Kurven und Steigungen am Talboden entlang, vorbei an Wiesen und Weiden, sodass Sie das Panorama auf die Tannheimer Berge genießen können, bevor Sie die Ortseinfahrt passieren. **Tannheim**, wie auch das gesamte Tannheimer Tal, besitzt eine vergleichsweise hohe Dichte an Vier- und Fünfsternehotels und ist eine beliebte Urlaubsdestination in Tirol. Im Sommer ist es vor allem der Tannheimer Radmarathon,

 **Gasthaus Obere Mühle**

Urig-gemütliches Ambiente in einem über 500 Jahre alten Bauernhaus mit originaler Stube aus dem 17. Jahrhundert. Regionale Spezialitäten aus dem Allgäu sowie aus eigener Produktion.
Ostrachstraße 40, 87541 Bad Hindelang,
www.obere-muehle.de

Postkartenidyll am Vilsalpsee im Tiroler Tannheimer Tal

im Winter das ausgedehnte Loipennetz, die Urlaubsgäste anziehen.
Hinter Tannheim setzen Sie die Weiterfahrt über die B 199 fort, die als lange Gerade direkt auf den Kreisverkehr zwischen Haldensee und Grän zuführt. Nehmen Sie die Ausfahrt Richtung Grän, wo sich rechter Hand das Füssener Jöchle (1800 m) und kurz danach der markante Aggenstein (1986 m) erheben. Jenseits von **Grän** verläuft die L 261 entlang einem herrlichen Hochtal. Die schmale Überlandstraße mit weiten Kurven bietet gegen Ende der Tour nochmals richtigen Fahrspaß. Begleitet von Wiesen und Wäldern, nähern Sie sich immer weiter der

Hotel Rehbach

Stilvolles Adults Only-Wellnesshotel in einsamer Waldlage an der Grenze zwischen Tirol und dem Allgäu. Modernes Interieur, regionale Küche.
Rehbach 1, 6677 Schattwald, www.rehbach-hotel.at

Vor malerischer Bergkulisse liegt das Naturschutzgebiet ***Vilsalpsee****. Von Tannheim zu Fuß oder per Pendelbus erreichbar.*

Weitere Details in der ADAC Trips App

Grenze, die kurz hinter der Alphütte Seealpe am Fuß des Aggensteins erreicht ist. Vorsicht: Im Sommer können sich hier Kühe auf der Straße befinden. Hinter der Grenze schlängelt sich die Bundesstraße als Achtalstraße entlang der Steinacher Achen bis nach Steinach, einem Ortsteil von **Pfronten**. Hier haben Sie das Ziel dieser Tour erreicht.

 **Panorama – Allgäu Spa Resort**

Familiengeführtes Wellnesshotel in unverbauter Lage mit Panoramablick auf die Alpen, stilvollen Zimmern und Suiten, großzügigem Spa-Bereich und regionaler Küche.
Seeleuten 62, 87494 Rückholz,
www.panorama-allgaeu.de

TOUR 3

Burgen und Schlösser

Reise in die Vergangenheit im südlichen Allgäu

Märchenhafte Schlösser und verwunschene Burgen sind für die Landschaft im südlichen Allgäu ebenso typisch wie die vielen kleinen Städte und Dörfer, Seen und Weiher. Auf der Tour von Isny im Allgäu bis ins benachbarte Reutte in Tirol begeben Sie sich auf eine Reise in vergangene Zeiten. Die Route ist gesäumt von historischen Burgen und Schlössern mit den weltberühmten Königsschlössern Neuschwanstein und Hohenschwangau als Highlights. Beginnend auf aussichtsreichen Überlandstraßen, folgt die Strecke später für einige Zeit dem Verlauf der Deutschen Alpenstraße und erreicht auf österreichischem Boden schließlich ihr Ziel.

Kleinod auf freiem Feld: die Kirche St. Coloman bei Schwangau

Die Tour auf einen Blick

ORTE ENTLANG DER ROUTE

1. Isny – Alttrauchburg – Diepolz – Niedersonthofen – Immenstadt –Sonthofen

2. Sonthofen – Burgberg – Sulzberg – Oy-Mittelberg – Nesselwang – Pfronten – Hopfen am See

3. Hopfen am See – Füssen – Schloss Neuschwanstein – Schwangau – Reutte

KILOMETER
ETAPPE 1: 56 KM
ETAPPE 2: 75 KM
ETAPPE 3: 32 KM

Navigation und GPX-Download

REINE FAHRTZEIT
ETAPPE 1: 1½ STUNDEN
ETAPPE 2: 2 STUNDEN
ETAPPE 3: ¾ STUNDE

ETAPPE 1

Von Isny im Allgäu nach Sonthofen

56 km ca. 1½ Std.  

Startpunkt dieser Tour ist das kleine Städtchen **Isny im Allgäu**. Mit seiner fast 1000-jährigen Geschichte, der mittelalterlichen Stadtmauer, dem Schloss Isny und den vielen Zwiebeltürmen und hübschen Altstadthäuschen ist Isny einen Stadtrundgang wert, bevor Sie die Fahrt beginnen.

*Zwei der vier **Stadttore** und ein Teil der ehemaligen **Befestigungsanlage** von Isny sind heute noch erhalten. Eine Stadtführung gibt Einblick in die Zeit der Türmer und Wächter.*

Weitere Details in der ADAC Trips App

ZWISCHEN ALT UND NEU

Sie verlassen das Zentrum von Isny in östliche Richtung über die Kastellstraße und haben dabei die Adelegg, einen der nördlichsten Ausläufer der Allgäuer Alpen im Blick. Ein kurzes Stück geht es dann entlang der B 12, einer wichtigen Nebenroute zur A 96 zwischen Lindau am Bodensee und München. Bei Nellenbruck biegen Sie auf die St 2055 ab, von der schon bald die Zufahrtsstraße zu **Burgruine Alttrauchburg** abzweigt. Geteert und gut befahrbar, schlängelt sich diese durch den Wald einige Höhenmeter nach oben bis zur Burggaststätte, wo Sie das Auto abstellen und die letzten Meter zu Fuß zurücklegen.

Die Alttrauchburg zählt zu den besterhaltenen Burgruinen im Allgäu, deren heute noch zu sehenden Reste bis in das 13. Jahrhundert zurückreichen. Als die Burg Ende des 18. Jahrhunderts in den Besitz der Fürsten von Waldburg-

Zeil überging, entschieden diese, die alte Burganlage aufzugeben und ein neues Schloss – die **Neutrauchburg** – bei Isny zu errichten. Große Teile von Alttrauchburg wurden abgerissen und die Steine für den Aufbau des neuen Schlosses verwendet. Heute können die Überreste ganzjährig besichtigt werden, in den Sommermonaten finden auch Führungen statt.

Brauereigasthof & Hotel Schäffler

Traditionelle Gerichte treffen auf hippe Streetfood-Klassiker: mit Brutzel-Eck, Zapf-Winkel, Sud-Abenden und sonnigem Biergarten in gemütlich-lockerem Ambiente. Hauptstraße 15, 87547 Missen, www.brauereigasthof-schaeffler.de

Zurück auf der B12, folgen Sie kurz vor Weitnau der Ausschilderung Richtung Missen auf eine Nebenstraße und passieren die kleinen Ortschaften Seltmans und Sibratshofen. Beinahe kerzengerade führt in Folge die St2006 am Talboden entlang nach Missen.

Kleine Läden und Cafés laden zu einem gemütlichen Stadtbummel durch Isny ein.

Zur Einkehr mit Ausblick lädt die Terrasse der Höfle Alpe.

FAHRSPASS MIT AUSBLICK

Kurz vor dem Erreichen des Ortskerns von Missen halten Sie sich links und zweigen auf die OA 22 in Richtung Niedersonthofen ab. Die Straße führt zügig den Berg hoch und bereitet dank dem geringen Verkehrsaufkommen, den lang gezogenen Kurven und der Höhenlage mit Blick bis weit in die Berge großes Fahrvergnügen.

Am höchsten Punkt der Straße zwischen Missen und Niedersonthofen liegt auf über 1000 m das Pfarrdorf **Diepolz**. Zwar handelt es sich nicht um eine Passstraße, dafür begleiten herrliche Ausblicke auf die Allgäuer Alpen die gesamte Fahrt. Manchen ist die Straße auch deshalb bekannt, weil sie Teil der Radstrecke des traditionsreichen Allgäu-Triathlons ist, der seit 1983 jährlich ausgetragen wird. Die Strecke wird dabei allerdings von Ost nach West gefahren.

Hinter Diepolz verläuft die Straße noch wenige Kilometer leicht abschüssig bis **Niedersonthofen**, wo man

*Im **Allgäuer Bergbauernmuseum** in Diepolz erfahren Besucher mehr über das Leben der Bergbauern. Mit bewirtschaftetem Bauernhof, historischer Höfle Alpe und Käserei sowie Abenteuerspielplatz und Einkehrmöglichkeit.*

Weitere Details in der ADAC Trips App

am Ufer des Niedersonthofener Sees eine Rast einlegen oder eine kurze Wanderung zum Niedersonthofener Wasserfall unternehmen kann. Dieser ist vom Parkplatz Falltobel in rund 45 Minuten Gehzeit zu erreichen, der Weg dorthin führt durch den Hangschluchtwald und über mehrere Brücken über den Falltobelbach, bis dann der Wasserfall erreicht ist.

 **Zum lustigen Hirsch**

Fleisch aus eigener Landwirtschaft und Wild aus eigener Jagd werden hier wahlweise in den urgemütlichen Wildererstuben oder auf der Terrasse mit Bergblick serviert.
Akams 3, 87509 Immenstadt im Allgäu, www.lustiger-hirsch.de

ZEITZEUGEN AM WEGESRAND

Über eine schmale Nebenstraße (OA 2) und mit Blick auf den Grünten setzen Sie die Fahrt fort und erreichen bereits nach wenigen Minuten die Abzweigung zur **Burg Werdenstein**. Nur noch vereinzelte Mauerreste und der Torturm sind heute von der hoch- und mittelalterlichen Burg erhalten, die wohl kurz nach 1200 erbaut wurde. Direkt unterhalb der Burg lädt die Sonnenterrasse des Burg-Cafés zu hausgemachten

Ausgedehnte Kuhweiden sind ein charakteristisches Landschaftsbild im Allgäu.

Torten und Kuchen wiederum mit Aussicht auf die Allgäuer Berge.
Parallel zur viel befahrenen B 19 folgen Sie der OA 5 / An der Bundesstraße und haben bereits ab Stein die **Burgruine Laubenbergerstein** hoch über dem Kreisverkehr kurz vor Immenstadt im Blick. Direkt am Kreisverkehr gibt es einen Parkplatz, von dort sind es nur fünf Gehminuten zur Burg. Erstmals im 13. Jahrhundert erwähnt, sind noch heute viele Gebäudeteile und somit auch der Grundriss der teils rekonstruierten Anlage zu erkennen. Versäumen Sie es nicht, den Hügel auf der anderen Seite der Burg ein Stück weit hinabzufolgen, denn von hier bietet sich ein schöner Blick auf die Iller und Teile von Immenstadt.
Nur noch einen Katzensprung ist es von der Burgruine Laubenbergerstein nach **Immenstadt im Allgäu**, der ältesten Stadt im Oberallgäu. In schöner Lage zwischen dem Großen Alpsee, dem Hausberg Mittag (1451 m) und dem markanten Grünten (1738 m) lädt die Innenstadt mit einigen schmucken Bauwerken zu einem Stadtrundgang ein. Entdecken Sie bei einem Besuch das Rathaus, das Stadtschloss, das Hörmannshaus am Klosterplatz oder den mittelalterlichen Marktplatz mit Brunnen.

Die »Santa Maria Loreto«, ein Lastensegler-Nachbau des 15. Jahrhunderts, lädt am ***Großen Alpsee*** *zu einer einstündigen Rundfahrt mit herrlichem Bergpanorama ein.*

Weitere Details in der ADAC Trips App

 **Der Bienenkorb**

Mit Schauimkerei, Honigproduktion und Schnapsbrennerei sowie Hofladen und Restaurant dreht sich hier – nicht nur kulinarisch – alles um die Biene.
Altmummen 18, 87544 Blaichach,
www.der-bienenkorb.de

Von Immenstadt führt die Route in südöstliche Richtung und folgt dem Straßenverlauf parallel zur B 19 und dem Flusslauf der Iller. Mit den Bergen auf den letzten Kilometern immer im Blick geht es durch Blaichach und weiter bis nach **Sonthofen**, dem Ziel dieser Etappe. Kleinstädtisches Flair und die Nähe zu den Oberallgäuer Bergen bilden einen charmanten Mix. Während vor den Toren von Sonthofen zahlreiche Wander- und Radtouren zum Aktivsein einladen, bietet der Ortskern eine kleine Fußgängerzone mit Cafés und Restaurants, Einkaufsmöglichkeiten und kulturellen Sehenswürdigkeiten. Von der Bedeutung der Viehzucht und Milchwirtschaft vergangener Tage zeugen die teils bäuerlichen Ortsteile mit noch aktiven Bauernhöfen ebenso wie das Heimatmuseum, die Markthalle und der Marktanger.

  **freistil.**

Charmantes Boutiquehotel mit 18 Zimmern, einem modern-bodenständigen Restaurant und entspannter Atmosphäre in traumhafter Lage auf 800 m Höhe.
Schweineberg 20, 87527 Ofterschwang,
www.kiehnes-freistil.de

Zahlreiche Wanderwege erschließen die Umgebung des Großen Alpsees, hier mit Blick auf den See, den Grünten und Immenstadt.

ETAPPE 2

Von Sonthofen nach Hopfen am See

75 km ca. 2 Std.   

Sie verlassen Sonthofen über die Ostrachbrücke und erreichen bereits nach wenigen Minuten den beschaulichen Ortsteil Winkel. Hier liegt der Ausgangspunkt für eine Wanderung zur eindrucksvollen **Starzlachklamm**. Der Rundweg führt über einen schmalen Pfad mit Holztreppen und Brücken entlang zahlreicher Rinnsale, Wasserfälle, Gumpen und Felsen und bietet immer wieder spannende Blicke in die Schlucht.

VON BURGEN ZU BERGEN

Unmittelbar nach Weiterfahrt erhebt sich rechter Hand die **Burgruine Burgberg**, rund einen halben Kilometer dahinter biegen Sie rechts in die

Direkt am Eingang zur Starzlachklamm stürzt der Schleierfall 12 m in die Tiefe.

Schottisches Flair im Oberallgäu: die mittelalterliche Burgruine Sulzberg

Sonthofener Straße und passieren das Ortszentrum von **Burgberg**. Über eine schmale und leicht kurvige Überlandstraße folgen Sie dem Straßenverlauf, vorbei an kleinen Weilern, bevor in einer leichten Linkskurve kurz nach dem Weiler Ottacker der Blick auf die **Burgruine Sulzberg** mit dem 24 m hohen Bergfried frei wird. Erstmals urkundlich dokumentiert wurde die Burg Anfang des 12. Jahrhunderts. 900 Jahre später ist die größte Burgruine des Oberallgäus noch immer in bäuerlichem Besitz und kann in den Sommermonaten besichtigt werden. Gerade bei schönem Wetter ist der traumhafte Blick in die Alpen und in entgegengesetzter Richtung bis weit über Kempten hinaus einen Zwischenstopp wert. Auch Kaffee und Kuchen gibt es dann. Die Marktgemeinde **Sulzberg** selbst zeichnet sich neben seinem hübsch sanierten Ortskern durch ein imposantes Alpenpanorama in Richtung Grünten und den beginnenden 2000ern von Nebelhorn, Widderstein und Geißhorn aus.

  **Weinladen Sulzberg**

Weinladen, Café und Weinbar sowie Ferienwohnung in einem wunderschön restaurierten, denkmalgeschützten Haus. Neben Frühstück sowie Kaffee und Kuchen gibt es abends heimische und italienische Antipasti zu einem Glas Wein.
Kemptener Straße 4, 87477 Sulzberg,
www.weinladen-sulzberg.de

UMSTEIGEPUNKT
SULZBERG

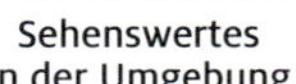

Sehenswertes in der Umgebung

Nur wenige Kilometer südlich von Kempten und mitten im Oberallgäuer Alpenvorland liegt die kleine Marktgemeinde Sulzberg. Imposant ist die Kulisse der Allgäuer Bergkette aus Grünten, Nebelhorn, Widderstein und Geißhorn, die sich südlich in der Ferne erhebt. Gerade einmal rund 5000 Einwohner leben in Sulzberg und den vielen zugehörigen Weilern und Einöden. Die Umgebung, die sich auf einer Höhe zwischen 700 und knapp 1000 m erstreckt, lädt vor allem zu reizvollen Wanderungen und Radtouren durch die Landschaft ein.

AUSFLUGSTIPP

Ob Segeln, Surfen, Tauchen oder einfach nur Baden: Wenngleich der **Rottachsee** ein künstlich angelegter Stausee ist, ist er aufgrund seiner Lage inmitten des Alpenvorlands ein herrliches Ausflugsziel nahe Sulzberg. Entlang dem Ufer finden sich immer wieder Badeplätze mit Kiosk, Beachvolleyball- und Spielplätzen sowie Bootsanlegemöglichkeiten.

Segelspaß am Rottachsee

ZUR TOUR 4
In Sulzberg können Sie zur Tour 4 Richtung Memmingen und Landsberg am Lech umsteigen.

Der kleine Ort Sulzberg vor der Kulisse der Burgruine und den Alpen im Hintergrund

Der Rottachsee zwischen Sonthofen und Nesselwang ist ein beliebtes Naherholungsgebiet.

Mit 12 m Länge und 6 m Höhe ist die ***Allgäuer Wanderbank*** *nicht nur die größte Wanderbank Deutschlands, sie bietet auch einen traumhaften Fernblick in die Berge.*

Weitere Details in der ADAC Trips App

Über teils sehr kurvige Nebenstraßen führt die Route von Sulzberg vorbei am **Rottachsee**. Der größte Badesee im Oberallgäu schmiegt sich in die Landschaft des Allgäuer Alpenvorlands und ist ein wahres Paradies für Schwimmer, Segler und Surfer, aber auch Taucher und Angler. Über eine schmale, wenig befahrene Überlandstraße mit Fernblick über das Alpenvorland geht die Fahrt weiter in Richtung Oy-Mittelberg. Wer mag, stellt sein Auto am Wanderparkplatz in Mittelberg ab und spaziert in wenigen Minuten zur **Allgäuer Wanderbank**. Über die B 309 setzen Sie die Fahrt fort und folgen nun dem Verlauf der **Deutschen Alpenstraße**. Sie gilt als die älteste Ferienstraße Deutschlands, an der die bekanntesten Orte und wichtigsten Sehenswürdigkeiten Bayerns liegen. Zugleich war die Bundesstraße, die aus der Mitte der 1930er-Jahre gebauten Reichsstraße hervorging, lange Zeit eine wichtige Verbindung zwischen dem damaligen Autobahnende Oy-Mittelberg und dem Fernpass. Heute wälzt sich der Reiseverkehr in

einigen Kilometern Entfernung über die praktisch parallel verlaufende A7, das Verkehrsaufkommen hat sich entsprechend reduziert.
Nicht weit hinter Oy-Mittelberg erreichen Sie die Marktgemeinde **Nesselwang**, auf 870 m Höhe malerisch in die Kulisse der Allgäuer und Ammergauer Alpen eingebettet. Mit der 1575 m hohen Alpspitz, dem Hausberg von Nesselwang, befindet sich hier einer der beliebtesten Wander- und Wintersportorte des Ostallgäus. Bekannt ist Nesselwang aber auch für das gelebte Brauchtum, seine bodenständigen Einwohner sowie moderne, aber auch traditionelle Veranstaltungen.

HOCH HINAUS

In **Pfronten** verlassen Sie die Deutsche Alpenstraße und steuern ein Ziel an, das bereits von Weitem imposant in der Landschaft thront: die **Burgruine Falkenstein** auf 1277 m Höhe. Die Zufahrtsstraße, die sich durch den Wald den Berg hochschlängelt, ist sehr schmal und einspurig, weshalb eine Ampelanlage die Auf- und Abfahrten regelt. Am Burghotel angekommen, geht es zu Fuß weiter zur höchstgelegenen Burgruine Deutschlands. Ende des 13. Jahrhunderts erbaut, gilt die Burg Falkenstein als letzter Traum des bayerischen Königs Ludwig II.– auf dem Berggipfel sollte anstelle der Burg

In prekärer Lage am Abgrund ragt hoch über dem Tal die Burgruine Falkenstein hervor.

UMSTEIGEPUNKT
PFRONTEN

Sehenswertes in der Umgebung

Mit seinen vielen Ortsteilen wird der Höhenluftkurort Pfronten (850–1830 m) gerne auch als 13-Dörfer-Gemeinde bezeichnet. Sie bilden seit dem Spätmittelalter eine einzige Pfarrgemeinde und sind heute ein beliebtes Ziel für einen Aktivurlaub in den Bergen. Pfronten liegt direkt am Alpenrand und bildet damit das Tor zwischen den Allgäuer Bergen und dem hügeligen Alpenvorland. Neben der Natur gibt es in Pfronten auch viel traditionelles Handwerk zu entdecken: Handweber, Glasbläser, Schellenschmiede und andere gewähren Einblicke in ihre Werkstätten.

AUSFLUGSTIPP
Schnüren Sie die Wanderschuhe und unternehmen Sie ausgehend vom Weißensee eine gemütliche Wanderung zum **Alatsee**, der mit seinem kristallklaren Wasser vor aufragender Bergkulisse zu einem der schönsten Seen des Allgäus zählt. Noch etwas weiter führt die Route bis zum Vier-Seen-

Blick, von wo sich ein weites Panorama über den Weißensee, Forggensee, Hopfensee und Bannwaldsee öffnet. Am Rückweg lohnt eine Einkehr auf der Salober Alm.

Idyll am Alatsee

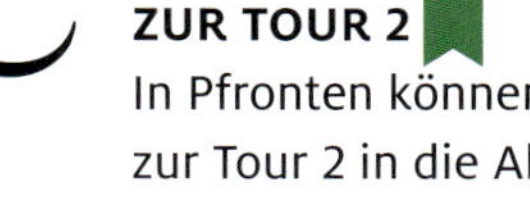

ZUR TOUR 2

In Pfronten können Sie zur Tour 2 in die Allgäuer Alpen mit Ziel Bregenz umsteigen.

Übers Tal verstreut liegen die Ortsteile der Gemeinde Pfronten.

Blaue Burg
Das Boutique-Hotel auf dem Falkenstein bietet traumhafte Ausblicke, moderne Zimmer und Suiten sowie eine vielfach ausgezeichnete Alpenküche. Auf dem Falkenstein 1, 87459 Pfronten, www.blaueburg.com

ein Schloss entstehen, noch größer und imposanter als Neuschwanstein. Doch dazu kam es nie. Die Bauarbeiten wurden mit dem Tod Ludwigs II. umgehend eingestellt, heute informiert ein kleines Burgmuseum über die Ruine und Pläne des Königs. Neben der Geschichte der Burgruine ist es aber vor allem der Ausblick, der beeindruckt. Die Aussichtsplattform in der Ruine bietet einen fantastischen 360-Grad-Rundumblick auf das Allgäuer Alpenvorland, die Allgäuer Alpen und bis zum Schloss Neuschwanstein, bei klarer Sicht sogar bis zur Zugspitze.

FAHRT INS MITTELALTER

Nach dem Abstecher zur Burgruine Falkenstein setzen Sie die Fahrt östlich durch Pfronten fort, wo sich kurz hinter dem Ortsteil Meilingen der Blick auf die beiden Burgruinen von

Herrliche Fernsicht zum Tegelberg und Säuling begleitet den Fußweg zur Burgruine Eisenberg.

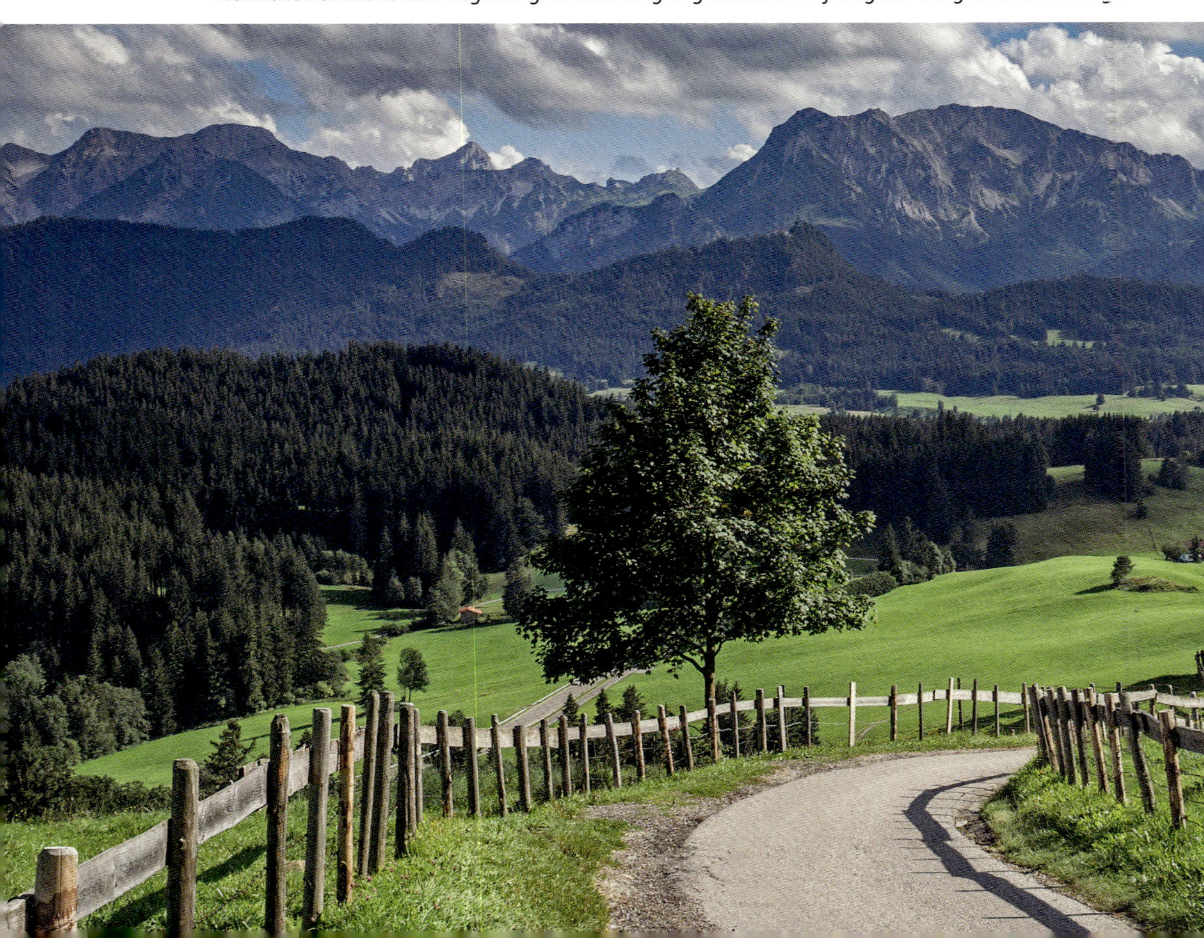

Burg Eisenberg und **Burg Hohenfreyberg** in der Ferne eröffnet. Erstmals urkundlich erwähnt wurde Burg Eisenberg 1345, 1646 brannte sie nieder. Ihr Wahrzeichen, eine ungewöhnlich hohe Ringmauer, ist noch heute zu erkennen. Auf dem gegenüberliegenden Hügel wurde in der Mitte des 15. Jahrhunderts Burg Hohenfreyberg errichtet. Dabei dürfte es sich um eine der letzten neu errichteten Burgen mittelalterlicher Prägung im Allgäu handeln. Noch heute bilden die beiden Burgen ein bedeutsames Ensemble auf 1050 m Höhe hoch über dem kleinen Dorf Zell bei Eisenberg. Die aufwendig sanierten Burgruinen sind durchgängig frei zugänglich und bieten einen traumhaften Blick auf den Hopfensee, Forggensee und Weißensee sowie das Alpenvorland mit seinen Bergen. Sie lassen die Gemeinde Eisenberg hinter sich und folgen der St 2008, die an der Ortseinfahrt von **Hopfen am See** in die Uferstraße übergeht. Diese führt, wie der Name schon verrät, am Ufer des Hopfensees entlang und bietet ein herrliches Panorama über den See hinweg bis in die nahen Berge. Nördlich der Uferstraße lohnt der Fußweg hinauf zur **Burgruine Hopfen**, rund 100 m oberhalb des Sees. Die Anlage wurde im 11. Jahrhundert erbaut, nach ihrer Zerstörung im 18. Jahrhundert wurden die Trümmer zum Bau des Hohen Schlosses in Füssen abgetragen. Heute sind nur noch wenige Mauerreste erhalten. Unschlagbar ist jedoch die Aussicht von der Burgruine über den Hopfensee und in die Allgäuer und Ammergauer Alpen.

*Zahlreiche Cafés und Restaurants säumen das Ufer des **Hopfensees**, der oft schon im Mai Badetemperatur hat. Genießen Sie den Bergblick bei einem Spaziergang um den See.*

Weitere Details in der ADAC Trips App

Seehaus Hopfensee

Gehobene Alpenküche in stilvollem Ambiente und direkt am Wasser. Unbezahlbar: der Ausblick auf den Hopfensee bis hin zu Schloss Neuschwanstein. Uferstraße 39, 87629 Füssen, www.seehaus-hopfensee.de

Im Licht der Dämmerung breitet sich eine magische Stimmung über den Hopfensee aus.

ETAPPE 3

Von Hopfen am See nach Reutte

↔ 32 km ca. ¾ Std.  

Hinter Hopfen am See wird die Uferstraße erneut zur St 2008 / Hopfener Straße und erreicht nach wenigen Minuten die Stadteinfahrt von **Füssen**. Aus nördlicher Richtung kommend, zweigen Sie nun rechts ab auf die Augsburger Straße und steuern auf einer langen Geraden direkt auf das Stadtzentrum zu. Nutzen Sie eine der Parkgaragen direkt am Beginn der Fußgängerzone, denn Autofahren und Parkplatzsuche können in Füssen schnell zur Geduldsprobe werden. Ist das Auto erst mal abgestellt, bietet die 16 000-Einwohner-Stadt neben dem Bergpanorama und der Lage direkt am Lech eine hübsche Altstadt, die mit kleinen Läden und Cafés in bunten Bürgerhäusern zum Flanieren einlädt. Überragt wird die Altstadt vom **Hohen Schloss**, welches als einstige Sommerresidenz der Fürstbischöfe von Augsburg das heutige Stadtbild von Füssen prägt. Es gilt als eine der am besten erhaltenen Burganlagen der Region. Besonders sehenswert ist der Ausblick vom Turm über die Altstadt und die umliegenden Berge.

Dejavu Restaurant

Bayerische Schmankerln und kreative Gerichte, ausgewählte Weine, freundlicher Service und ein modernes Ambiente zum Wohlfühlen sorgen für den perfekten Genuss. Bahnhofstraße 1, 87629 Füssen, www.dejavu-restaurant.de

KÖNIGLICHER BESUCH

Vor den Toren Füssens erwarten Sie die königlichen Highlights dieser Tour. Kurz nach der Lechbrücke zweigen Sie auf die Parkstraße, die von Bäumen gesäumte Zufahrtsstraße zum **Schloss Neuschwanstein**, ab. Erst nach den letzten beiden Kurven öffnet sich in Hohenschwangau die Straße und der Blick wird frei auf das »Märchenschloss«, welches ganzjährig ein beliebtes Ausflugsziel und dementsprechend stets gut besucht ist. Da die Zufahrt zu den beiden Schlössern untersagt ist, stellen Sie hier Ihr Auto ab (Parkplatz P1 bis P4) und spazieren in rund 40 Minuten hoch zum Schloss Neuschwanstein. Alternativ verkehrt vom Parkplatz P4 ein Shuttlebus hinauf bis zur Marienbrücke, von wo es allerdings wieder 15 Minuten Fußweg bergab zum Schloss sind. Die Marienbrücke über die Pöllatschlucht bietet übrigens auch den besten Blick auf Neuschwanstein.
Der Grundstein für den wahr gewordenen Traum von König Ludwig II. wurde im Jahr 1869 gelegt. Noch lange bevor

Schloss Neuschwanstein, die Ikone deutscher Burgen und Schlösser, am Fuß des Tegelbergs

UMSTEIGEPUNKT
FÜSSEN

Sehenswertes in der Umgebung

Am südlichen Ende der Romantischen Straße gelegen, beeindruckt Füssen, Bayerns höchstgelegene Stadt, mit seiner einzigartigen Lage zwischen Seen, Bergen und Schlössern. Malerische Gassen mit pastellfarbenen Bürgerhäusern, prachtvolle Barockkirchen und das Hohe Schloss prägen das Bild der historischen Altstadt, in der auch zahlreiche schmucke Geschäfte und gemütliche Gastronomiebetriebe angesiedelt sind. Außerhalb der Stadt warten zahlreiche kulturelle und landschaftliche Highlights.

AUSFLUGSTIPP
Im Walderlebniszentrum Füssen-Ziegelwies, keine 3 km südlich der Stadt und direkt am Lech, führt der **Baumkronenweg** in einer Höhe von bis zu 21 m auf rund 500 m Länge durch die Baumwipfel des Lech-Auwalds. Hier oben öffnet sich nicht nur ein eindrucksvolles Bergpanorama vom

Aggenstein bis zum Tegelberg, mit nur einem Schritt überquert man in der Mitte des Weges sogar die Grenze zwischen Bayern und Tirol (www.walderlebniszentrum.eu).

Unterwegs auf dem Baumkronenweg

ZUR TOUR 4

In Füssen können Sie zur Tour 4 Richtung Landsberg am Lech umsteigen.

In der lebendigen Fußgängerzone von Füssen

Über den Resten einer mittelalterlichen Burg wurde Schloss Hohenschwangau als königliche Sommerresidenz errichtet.

Zwischen den beiden Schlössern liegt das ***Museum der bayerischen Könige****, in dem Sie noch tiefer in die Zeit und das Leben von Maximilian II. und seinem Sohn Ludwig II. eintauchen können.*

Weitere Details in der ADAC Trips App

der Bau abgeschlossen war, residierte der König bereits im Schloss, welches sein privater Rückzugsort sein sollte. Nach seinem mysteriösen Tod im Jahr 1886 wurde Schloss Neuschwanstein für Besucher zugänglich gemacht und hat sich seitdem zu einer der meistbesuchten Sehenswürdigkeiten Deutschlands entwickelt.

In unmittelbarer Nachbarschaft befindet sich ein weiterer Prachtbau: **Schloss Hohenschwangau**, das im 12. Jahrhundert erstmals urkundlich erwähnt wurde. Kronprinz Maximilian, der spätere König Maximilian II. und Vater Ludwigs II., ließ es in der ersten Hälfte des 19. Jahrhunderts zur Sommerresidenz ausbauen.

DEN LECH FLUSSAUFWÄRTS

Mit einem kurzen Fotostopp am Aussichtspunkt direkt an der Schwangauer Straße, der gleich hinter Hohenschwangau noch einmal einen wunderbaren Blick auf Schloss Neuschwan-

Auch von Weitem bieten sich reizvolle Blicke auf Schloss Neuschwanstein.

Am Lechfall bei Füssen geht es für den Lech treppab, bevor er weiter Richtung Donau fließt.

stein aus der Ferne gestattet, erreichen Sie nach wenigen Minuten das Ortszentrum von **Schwangau**, von wo aus Sie erneut Richtung Füssen fahren, sich diesmal jedoch südlich des Lechs halten. Folgen Sie der Schwangauer Straße, die lange Zeit die einzige Verbindung von Füssen nach Schwangau war und an deren Ende das Schwangauer Tor stand. An der Lechhalde können Sie noch einmal einen Blick über den Lech auf die Füssener Altstadt werfen, bevor Sie dem Verlauf des Lechs in entgegengesetzter Richtung folgen.
Direkt an einer engen Linkskurve gibt es einen Parkplatz, von wo Sie nach wenigen Schritten am **Lechfall** stehen. Über fünf steinerne Stufen wird hier der Lech knapp 8 m in die Tiefe geleitet und verschwindet kurz darauf in einer engen Klamm. Besucher können das Naturdenkmal, vom Umweltministerium des Freistaats als eines von »Bayerns schönsten Geotopen« ausgezeichnet, unmittelbar vom Maxsteg aus bewundern.

ÜBER DIE GRENZE

Bereits kurze Zeit später passieren Sie relativ unscheinbar die Grenze zum benachbarten Österreich, wo Sie bei Vils erneut den Lech queren und auf die B 179, die Fernpass-Bundesstraße in Richtung Reutte auffahren. Zu Ferienzeiten und an Wochenenden ist dies eine der Hauptverkehrsrouten von

Nichts für schwache Nerven ist der Gang über die highline179 am Fuß der Burg Ehrenberg.

Deutschland in den Süden, weshalb es hier oft zu Verzögerungen und Staus kommt. Gerade im Sommer sowie zu den Hauptreisezeiten im Winter herrschen in Tirol aber strikte Abfahrverbote für den Transitverkehr. Es sei denn, Sie verbinden die Fahrt mit einer Einkehr oder einem Stadtbummel durch **Reutte**. Dann bleiben Sie am besten in Vils auf der L 69 / Reuttener Landstraße und setzen die Fahrt über Musau und Pflach bis nach Reutte fort. Die Marktgemeinde Reutte liegt im Talbecken des Tiroler Außerfern direkt am Ufer des Lechs und grenzt unmittelbar an die Allgäuer Voralpenregion. Im Ortskern rund um den Unter- und Obermarkt gibt es barocken Fassadenschmuck des einheimischen Malers Johann Jakob Zeiller zu bewundern. Eine kurze Fahrt über die B 179 bringt Sie von Reutte zum Parkplatz der **Burgenwelt Ehrenberg**, die schon von Weitem zu sehen ist und das letzte Ziel auf der Burgen- und Schlössertour durch das südliche Allgäu darstellt. Mit der Burgruine Ehrenberg, der Festung Schlosskopf, der Ehrenberger Klause und dem Fort Claudia bildet die Burgenwelt Ehrenberg eines der bedeutendsten Festungsensembles Mitteleuropas und ist damit ein wesentlicher Bestandteil der Burgenregion Allgäu-Außerfern.

Zu Fuß oder mit dem Schrägaufzug Ehrenberg Liner bzw. Top Liner geht es auf 1105 bzw. 1270 m, wo Sie neben den gut erhaltenen Burg- und Festungsanlagen auch ein herrlicher Blick auf den Reuttener Talkessel und die Bergwelt ringsum erwartet.

*Mit einer Länge von 406 m und einer Höhe von 114 m ist die **highline179** eine der längsten Fußgängerhängebrücken der Welt – und eine Mutprobe.*

Weitere Details in der ADAC Trips App

 **Der Donkhof**

Liebevoll renovierte Zimmer in einem rund 200 Jahre alten Tiroler Bauernhaus, in ruhiger Lage nahe dem Lech.
Untere Platte 14, 6604 Höfen, www.donkhof.at

TOUR 4

Vom Lech zur Iller

Zwischen Natur und Kultur im Alpenvorland

Die Tour ins nördliche Alpenvorland startet in Füssen, wo Sie dem Lauf des Lechs folgen und die Berge im Rückspiegel immer kleiner werden. Die Fahrt ist geprägt von teils ebenen, teils hügeligen Wiesenlandschaften und Waldgebieten und führt Sie in einige der schönsten Orte entlang der Romantischen Straße. Über Kaufbeuren und Ottobeuren verläuft die Tour weiter zur Iller, deren entgegengesetztem Flusslauf Sie von Memmingen in südliche Richtung bis Sulzberg folgen.

Siehe Seite 116

Die Wieskirche bei Steingaden ist eine der berühmtesten Rokokokirchen der Welt.

Die Tour auf einen Blick

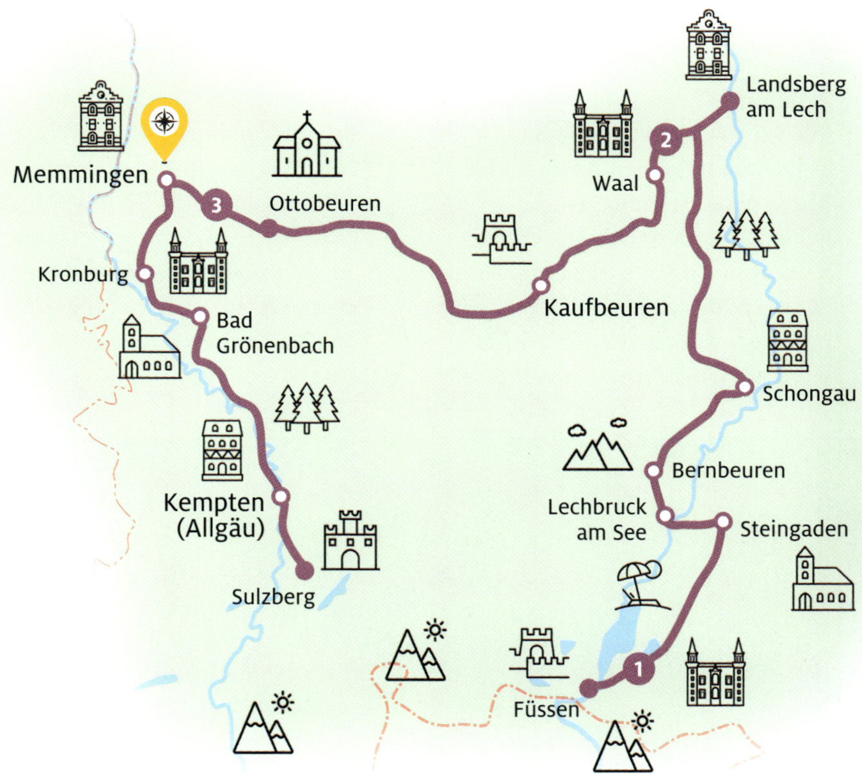

ORTE ENTLANG DER ROUTE

1. Füssen – Steingaden – Lechbruck am See – Bernbeuren – Schongau – Landsberg am Lech

2. Landsberg am Lech – Waal – Kaufbeuren – Ottobeuren

3. Ottobeuren – Memmingen – Kronburg – Bad Grönenbach – Kempten – Sulzberg

KILOMETER
ETAPPE 1: 82 KM
ETAPPE 2: 69 KM
ETAPPE 3: 61 KM

Navigation und GPX-Download

REINE FAHRTZEIT
ETAPPE 1: 1½ STUNDEN
ETAPPE 2: 1¼ STUNDEN
ETAPPE 3: 1½ STUNDEN

ETAPPE 1

Von Füssen nach Landsberg am Lech

82 km ca. 1½ Std.   

Zum Auftakt dieser Tour lädt Sie **Füssen** zu einem Stadtbummel ein. Mit seiner hübschen Altstadt, der historischen Stadtmauer und dem Hohen Schloss wartet hier gleich zu Beginn ein kulturelles Highlight. Füssen bildet außerdem den Endpunkt der **Romantischen Straße**, einer der ältesten und beliebtesten Ferienstraßen in Deutschland, die sich auf rund 460 km Länge von Würzburg bis Füssen erstreckt. Seit 1950 verbindet die Route mittelalterliche Städte und reizvolle Landschaften und wurde nach dem Zweiten Weltkrieg mit dem Ziel gegründet, Deutschland als Urlaubsland wieder attraktiv zu machen.

AUF DER ROMANTISCHEN STRASSE
Auf der ersten Etappe dieser Tour folgen Sie, zumindest abschnittsweise, somit dem Verlauf der Romantischen Straße in entgegengesetzter Richtung und verlassen Füssen über die Lechbrücke und die B 17 in Richtung Schwangau. Kurz hinter dem Schwangauer Ortsteil Horn weitet sich rechter Hand der Blick über die Weiden auf das in die Berge eingebettete Schloss Neuschwanstein. Setzen Sie die Fahrt durch das bäuerliche Ortszentrum von **Schwangau** fort, wo Sie bereits kurze Zeit später dem östlichen Ufer des Bannwaldsees folgen.

Die B 17 führt Sie am Fuße des Ammergebirges vorbei an Halblech und Trauchgau weiter in nördliche Richtung, während im Rückspiegel die Allgäuer Alpen immer kleiner werden. Ohne nennenswerte Kurven verläuft die gut ausgebaute Bundesstraße entlang hügeliger Wiesenlandschaften bis zur Ortseinfahrt von **Steingaden**. Hier befindet sich die ehemalige

*Der künstlich aufgestaute **Forggensee** ist der größte See des Allgäus und bietet neben zahlreichen Badestellen und Wassersportaktivitäten auch die Möglichkeit zur Schiffsrundfahrt.*

Weitere Details in der ADAC Trips App

Vor den Toren von Füssen erstreckt sich der Forggensee, der mit Abstand größte See der Region – und auch einer der schönsten.

Warum die Wieskirche zum Welterbe zählt, offenbart sich eindrucksvoll in ihrem Innern.

*Die imposante **Wieskirche** nahe Steingaden, heute UNESCO-Welterbe und seit Mitte des 18. Jahrhunderts ein Wallfahrtsort, wird jährlich von mehr als einer Million Menschen besucht.*

Weitere Details in der ADAC Trips App

Prämonstratenser-Stiftskirche St. Johannes Baptist, auch Welfenmünster genannt, mit dem hübschen Marktplatz. Etwas außerhalb von Steingaden steht die prachtvolle Wieskirche, deren Besuch Sie sich nicht entgehen lassen sollten.

AUF DEN SPUREN DER LECHFLÖSSER

In Steingaden verlassen Sie für kurze Zeit die Romantische Straße und folgen der St 2059 / Lechbrucker Straße, deren leicht kurviger Verlauf immer wieder reizvolle Fernblicke in die Alpen bietet. Direkt vor der Ortseinfahrt nach **Lechbruck am See** führt eine Brücke über den türkisblauen Lech, dahinter schmiegt sich idyllisch die Gemeinde ans Ufer. Am westlichen Ende der Brücke erinnert ein Denkmal an die sogenannten Lechflößer, die einst Holz, Kalk und weitere Materialien über den Lech von Füssen nach Augsburg transportierten. Im Flößermuseum im Ortszentrum können Sie in einem original erbauten Flößerhaus aus dem 17. Jahrhundert mehr über das Leben der Lechflößer erfahren. Nordöstlich des Ortskerns liegt der

Lechstausee Urspring, eine Lechstaustufe, die im Sommer gerne zum Baden, Surfen und Segeln genutzt wird. Die Weiterfahrt führt über die OAL 8 in Richtung Bernbeuren und eröffnet in nordwestlicher Richtung freie Sicht auf den Auerberg, mit 1055 m Höhe einen der höchsten nördlichen Ausläufer der Alpen. Kurz vor **Bernbeuren** gibt es am rechten Straßenrand eine Parkbucht. Nutzen Sie die Gelegenheit, um an klaren Tagen von hier das traumhafte Panorama der Alpenkette zu genießen. Über die WM 3 setzen Sie die Fahrt durch Bernbeuren fort und gelangen, vorbei am Haslacher See, auf der von Wiesen gesäumten Straße nach **Burggen**. Zweigen Sie dort auf die Engenwiesstraße ab, die kurz nach der Ortsausfahrt in die WM 6 übergeht und weiter nach Nordwesten Richtung Schongau führt.

Sie erreichen **Schongau** über die Marktoberdorfer Straße und biegen am Bürgermeister-Pröbstl-Platz rechts ab, um über das Maxtor in die historische Altstadt von Schongau zu gelangen. Im oberbayerischen Landkreis Weilheim-Schongau gelegen, besticht die Stadt mit ihrem mittelalterlichen Charme aus der weitgehend erhaltenen Stadtmauer, ihren Toren und Türmen, den hübschen Altstadthäusern und einladenden Cafés und Läden. In den Sommermonaten

Der Marienplatz mit dem Marienbrunnen bildet das Zentrum der Altstadt von Schongau.

Saftig grüne Wiesen und weidende Kühe prägen das Landschaftsbild im Alpenvorland.

*Der **Mutterturm** sticht mit außergewöhnlicher Architektur aus dem Stadtbild von Landsberg am Lech heraus und ist eines seiner Wahrzeichen.*

Weitere Details in der ADAC Trips App

können Sie sich auf einer Fahrt mit dem historischen Fernhandelsfloß erneut auf die Spuren der Lechflößer begeben und zudem mehr über die voralpine Landschaft am Lech erfahren.
Verlassen Sie die Altstadt von Schongau über das Münztor und setzen Sie die Fahrt über **Altenstadt**, das »frühere Schongau«, fort. Im 13. Jahrhundert zog ein Großteil der Bevölkerung in die wenige Kilometer weiter gegründete Siedlung am Lech – und nahm den Ortsnamen mit. Geblieben ist die Bezeichnung Altenstadt, die alte Stadt Schongau.

DURCH EINSAME WIESEN UND WÄLDER

Ab nun befinden Sie sich wieder auf der Romantischen Straße und folgen hinter Schwabsoien dem kurvigen, leicht hügeligen und teils schmalen Verlauf der WM 3, vorbei an Wiesen

In einer Kaskade fällt der Lech in Landsberg über das Lechwehr.

Lech-Line

Fine-Dining-Menü oder À-la-carte-Gerichte: Beides ist im modernen Ambiente des altstadtnahen Restaurants samt stilvoller Bar möglich. Bahnhofsplatz 1, 86899 Landsberg am Lech, www.lech-line.de

und Wäldern. Diese geht nach einigen Kilometern über in die LL 17 und durchquert zunächst einen Wald, bevor sie durch die Ortschaften Dienhausen und Denklingen führt. Der zurückgelegte Streckenabschnitt, der nur rund 2 km westlich der viel befahrenen B 17 verläuft, macht eher den Anschein einer abgelegenen Einöde, in der sich Fuchs und Hase sprichwörtlich gute Nacht sagen.

Ebene Landschaft mit kilometerweitem Fernblick begleitet die Weiterfahrt auf die LL 16. Nur im Westen wölbt sich eine leichte Erhebung, ansonsten ist von Bergen wenige Kilometer vor Landsberg am Lech weit und breit nichts mehr zu sehen. Lediglich bei Unterdießen thront auf einer Anhöhe linker Hand das Schloss Unterdießen, welches sich in Privatbesitz befindet. Über die LL 2, vorbei an Ellighofen und Erpfting, erreichen Sie **Landsberg am Lech**, das Ziel dieser Etappe, aus südwestlicher Richtung.

Das hübsche Städtchen zeichnet sich wie so viele in der Region durch sein mittelalterliches Flair samt einer Stadtmauer mit zahlreichen Türmen, einem historischen Rathaus und verwinkelten Gassen aus. Und natürlich durch den Lech. Einen wunderschönen Blick auf den Fluss und die Altstadt haben Sie von der St.-Laurent-du-Var-Promenade am westlichen Ufer. Hier befindet sich, an der Karolinenbrücke gelegen, auch das Lechwehr, an der das Wasser über vier künstlich angelegte Stufen rauscht.

Villa Zollhaus B&B

Hübsche Unterkunft in einem traditionellen Anwesen mit stilvollen Zimmern in einem Mix aus Alt und Neu, umgeben von großzügiger Parkanlage. Dorfstraße 1, 86842 Türkheim/Irsingen, www.villazollhaus.de

ETAPPE 2

Von Landsberg am Lech nach Ottobeuren

⟷ 69 km ca. 1¼ Std.  

Über die Sandauer Brücke im Norden lassen Sie nicht nur die Altstadt von Landsberg am Lech, sondern auch die Romantische Straße hinter sich, deren Route weiter nach Augsburg verläuft. Diese Etappe führt Sie nun aber in südwestliche Richtung über die Erpftinger Straße aus Landsberg hinaus. Folgen Sie in Erpfting der Landsberger Straße, die Sie zurück in den Landkreis Ostallgäu führt. Hinter Bronnen befinden Sie sich auf der OAL 18, die Sie entlang landwirtschaftlich genutzter Felder nach Waal bringt.

QUER DURCHS ALPENVORLAND

Direkt im Ortskern von **Waal** entspringt die Singold, die in Augsburg in die Wertach mündet und der Sie durch den Ort hindurch folgen. Ein Kleinod ist hier das unter Denkmalschutz stehende Schloss Waal, das mit seinem Walmdach und den Ecktürmen aus dem 16. Jahrhundert zu einer der schönsten Schlossanlagen Südbayerns zählt. Öffentlich zugänglich ist diese jedoch leider nur zu besonderen Anlässen und Veranstaltungen.

Hinter Waal steuern Sie über die OAL 17 direkt auf Waalhaupten zu, dessen Ortsdurchfahrt wieder entlang einem kleinen Bachlauf führt. Halten Sie sich auf der OAL 17 weiter in südliche Richtung und zweigen Sie in Lengenfeld rechts auf die St 2055 bis Oberostendorf ab, der Sie über Westendorf bis nach Germaringen folgen. Die Strecke über wenig befahrene Überlandstraßen, vorbei an Feldern und Äckern, wird begleitet von weiten Blicken in die überwiegend flache Umgebung. Verlassen Sie die St 2055 bei Neugablonz, wo Sie über den Reifträgerweg und später die Neugablonzer Straße nach nur wenigen Fahrminuten das Zentrum von **Kaufbeuren** erreichen.

Mit rund 45 000 Einwohnern zählt die kreisfreie Stadt zu den größten im Regierungsbezirk Schwaben und ist über die Stadtgrenzen hinaus für das jährliche Tänzelfest, das älteste historische Kinderfest Bayerns, bekannt. Doch auch abseits dieser Veranstaltung lohnt ein Besuch. Bunte Bürgerhäuser, malerische Altstadtgassen und eine gut erhaltene mittel-

 **Macaravane**

Authentische französische Spezialitäten wie Buttercroissants, Pain au Chocolat, Macarons und mehr gibt es im kleinen Verkaufsraum der ehemaligen Molkerei Waal.
Buchloer Straße 9, 86875 Waal,
www.macaravane.de

In der Altstadt von Kaufbeuren mit Blick auf die evangelische Dreifaltigkeitskirche

alterliche Stadtmauer mit vielen Türmen, dazu zahlreiche, auch moderne Cafés, Restaurants und kleine Geschäfte bilden hierfür einen schönen Rahmen. Richten Sie bei einem Rundgang den Blick ruhig auch mal nach oben zu den Türmen und schauen Sie beim schnuckeligen kleinen Zollhäuschen am Kemptener Tor am Rand der Altstadt vorbei.

Die Weiterfahrt führt Sie über den Stadtteil Oberbeuren und die St 2055 aus Kaufbeuren hinaus. In Friesenried zweigen Sie rechts auf die OAL 3, deren geradlinigem Verlauf Sie entlang von Wiesen und durch kleinere Weiler folgen. In Eggenthal schlängelt sich die Straße durch den Ort, bevor Sie der Steig in zwei Kehren zügig aus dem Ortsgebiet hinaus und hinauf auf einen Hügel bringt.

Die Fahrt über Bayersried und Oberegg in Richtung Markt Rettenbach bietet zwar keine großen landschaftlichen Highlights, macht aber gerade aufgrund des geradlinigen Verlaufs mit gut einsehbaren Kurven und teils kilometer-

 **Dolce**

Italienisches Flair im edlen Ambiente mitten in der Altstadt. Serviert werden Klassiker und Neues, von Aperitif und Antipasti über Pizza und Pasta bis hin zu Panacotta und Tiramisu.
Kaiser-Max-Straße 14, 87600 Kaufbeuren,
www.dolce.bar

Katzbrui Mühle

Am Katzbruier Bach gelegene, 500 Jahre alte Mühle mit frei zugänglichem Mühlenmuseum, schattigem Biergarten mit Mühlenbier und selbst geräuchertem Fleisch oder Forelle. Katzbrui 7, 87742 Apfeltrach, www.katzbruimuehle.de

weiter Fernsicht großen Fahrspaß. Über die MN 28 erreichen Sie die Ortseinfahrt von Markt Rettenbach, das mit dem Fuggerschloss, der Pfarrkirche St. Jakob oder dem Schlössle im Ortsteil Gottenau ein paar beachtenswerte Bauwerke besitzt.

ZU GAST BEI MÖNCHEN

Von Markt Rettenbach sind es über die gut ausgebaute St 2013 nur noch wenige Kilometer bis Ottobeuren. Kurz außerhalb von Guggenberg lichtet sich die Route und gibt auf der leicht abschüssigen Straße linker Hand einen ersten Blick auf die Marktgemeinde **Ottobeuren** mit der Klosteranlage und der Benediktinerabtei frei. Folgen Sie dem Straßenverlauf noch ein kurzes Stück und nehmen Sie an der ersten Kreuzung die ausgeschilderte Abzweigung links auf die St 2011, die in ihrem weiteren Verlauf zur Langenberger Straße und Bahnhofstraße

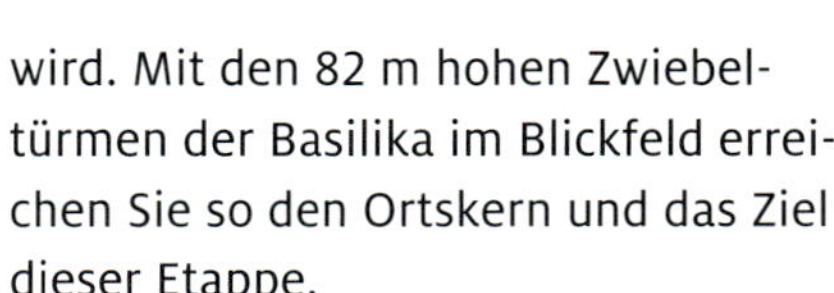

wird. Mit den 82 m hohen Zwiebeltürmen der Basilika im Blickfeld erreichen Sie so den Ortskern und das Ziel dieser Etappe.

Das Stadtbild von Ottobeuren wird dominiert von der im 8. Jahrhundert gegründeten Benediktinerabtei. Bei einem Besuch der Marktgemeinde sollte eine Besichtigung der prachtvollen barocken Basilika und der Klosteranlage nicht fehlen.

In spannendem Kontrast zu den jahrhundertealten Bauten steht das nur

*Das **Kloster Ottobeuren**, eine Benediktinerabtei aus dem 8. Jahrhundert, ist die größte barocke Klosteranlage in Deutschland und eine der größten weltweit. Noch heute leben hier Benediktinermönche.*

Weitere Details in der ADAC Trips App

In der Klosterkirche von Ottobeuren finden auch klassische Konzerte statt.

wenige Schritte entfernte Museum für zeitgenössische Kunst mit seiner modernen Architektur. Hinter der senkrecht gebänderten Fassade aus bronze- und messingfarbenen Stableisten gibt es wechselnde thematische Ausstellungen mit Gegenwartskunst zu sehen. Ottobeuren ist darüber hinaus ein Kneippkurort – es ist der Heimatort von Sebastian Kneipp – und präsentiert sich als auffallend grüne Gemeinde. Die großzügige Gartenanlage des Klosters und der nahe Kneipp-Aktiv-Park laden zu Spaziergängen ein und sind idyllische Naturoasen, in denen man entspannen und auch etwas für die Gesundheit tun kann.

d'Kammer

Ein Bauernhaus aus Omas Zeiten, welches dank kreativer Upcycling-Ideen in eine zeitgemäße Unterkunft mit besonderer Architektur, gemütlichen Zimmern und herrlichem Frühstück verwandelt wurde.
Memminger Straße 14, 87758 Illerbeuren, www.dkammer.com

ETAPPE 3

Von Ottobeuren nach Sulzberg

61 km ca. 1½ Std.  

Auf der letzten Etappe dieser Tour geht es zunächst weiter in den Westen. Verlassen Sie Ottobeuren über die Memminger Straße, die außerhalb des Orts wieder zur St 2013 wird und Sie durch Wiesen und Wälder geradewegs auf Memmingen zuführt. Vorbei am Landschaftsschutzgebiet Benninger Ried erreichen Sie die Stadteinfahrt von Memmingen aus östlicher Richtung. Am Tiroler Ring biegen Sie links ab und folgen dem Straßenverlauf bis über die Bahngleise, um gleich dahinter rechts in die Bahnhofsstraße abzubiegen, über die man das Zentrum von Memmingen erreicht.

TOR ZUM ALLGÄU

Memmingen, das sich selbst auch gerne als das »Tor zum Allgäu« bezeichnet, blickt auf rund 850 Jahre Geschichte zurück. So finden sich auch hier in der Altstadt neben einigen mittelalterlichen Prachtbauten hübsche Häuser und Gassen sowie kleine Cafés und Läden. Mitten durchs Zentrum fließt die Memminger Ach, ein Nebenfluss der Iller, die der Altstadt gerade in den Sommermonaten entlang der Unteren und Oberen Bachgasse einen romantischen Anstrich verleiht.

Durch das Kempter Tor führt die Strecke aus dem Zentrum von Memmingen hinaus, danach geht es über die Allgäuer Straße nach Süden. Halten Sie sich kurz nach der Autobahnunterführung rechts in Richtung Dickenreishausen. Die MM 20 verläuft durch eine ebene, von Wiesen und Feldern gesäumte Landschaft und bringt Sie vor Kronburg durch den Wald hindurch immer näher zur Iller. Verpassen Sie nicht die Abzweigung links nach **Kronburg** kurz hinter einem Waldstück. Bekannt ist die zu Illerbeuren gehörige Gemeinde vor allem durch das Schloss Kronburg, das Sie über die Hauptstraße aus Norden kommend erst dann so richtig sehen, wenn Sie den Ortskern passiert haben. Von Süden rückt der Renaissancebau schon von Weitem in den Blick, thront er doch auf einer Anhöhe über dem Ort. Eine Besichtigung des Innenhofes sowie ein Spaziergang um das Bauwerk aus dem 12. Jahrhundert ist jederzeit kostenfrei möglich.

 **Schwarze Katz**

Ein Restaurant, das mit seinem stilvollen Interieur wie eine Cocktailbar anmutet. Die gibt es hier auch. Zuvor dürfen aber noch internationale, vegetarische und auch vegane Gerichte genossen werden. Theaterplatz 2, 87700 Memmingen, www.katz-mm.de

Die Memminger Ach fließt mitten durch den historischen Stadtkern von Memmingen.

UMSTEIGEPUNKT
MEMMINGEN

Sehenswertes
in der Umgebung

Bunte Häuserfassaden neben moderner Architektur, prachtvolle Bauten neben restaurierten Toren, Türmen und Mauern und mittendurch der Stadtbach, die Memminger Ach, ein insgesamt 36 km langer Nebenfluss der Iller. Memmingens Altstadt ist bunt und lebendig und wird von einer gut erhaltenen Stadtmauer umgeben, die mit ihren Toren und Türmen als das größte Denkmal der Stadt gilt. Teil davon ist übrigens der älteste bekannte überdachte Wehrgang Deutschlands von 1373. Besonders einladend in der Altstadt sind die sogenannten Stadtbachterrassen, wo man nah am Wasser den Klang des plätschernden Baches bei einem Kaffee oder Glas Wein genießt.

AUSFLUGSTIPP

Unternehmen Sie eine Stadtführung der anderen Art – denn dafür ist Memmingen bekannt. Ob Mundart-Tour, Kindergruselführung oder unterwegs

Der Marktplatz von Memmingen ist von schmucken mittelalterlichen Gebäuden und Renaissancebauten umrahmt.

mit den »Desperate Housewives des 17. Jahrhunderts«: Auf den Themen- und Kostümführungen lernen Besucher auf besonders unterhaltsame Weise die Highlights der Stadt kennen.

Die Turmuhr der Kirche St. Martin (in der Mitte unten links)

ZUR TOUR 5
In Memmingen können Sie zur Tour 5 Richtung Biberach oder Ravensburg umsteigen.

Wie hier bei Illerbeuren windet sich die Iller durch das Allgäu und Oberschwaben, bevor sie nach 147 km bei Ulm in die Donau mündet.

*Mehr als 30 Häuser, darunter alte Bauernhäuser, Höfe und Werkstätten laden im **Schwäbischen Freilichtmuseum Illerbeuren** ein, in das bäuerliche Leben einzutauchen.*

Weitere Details in der ADAC Trips App

NATURSCHAUPLATZ ILLER

In Kronburg, und auch auf der Weiterfahrt in den Süden sind Sie nur wenige Kilometer von der Iller entfernt, die sich in etlichen Kehren und Schleifen durch die Landschaft schlängelt. Setzen Sie die Fahrt fort und halten Sie sich auf der schmalen Straße in Richtung Unterbinnwang und Oberbinnwang. Bei **Oberbinnwang** bieten sich gleich zwei Möglichkeiten, der Iller näherzukommen. Zum einen über den rund 20 m hohen Aussichtsturm mit Hängebrücke, der vom Parkplatz »Flussraum Iller« nach dem Ortskern über einen Feldweg zu erreichen ist. Zum anderen über den Aussichtspunkt auf die Illerschleife, nahe der MN 21 bei Rothenstein, was sich – wer mag – auch zu einer einfachen und schönen Wanderung kombinieren lässt.

Folgen Sie anschließend der kurvigen und schmalen Überlandstraße, bis Sie von Westen her kommend den staatlich anerkannten Kneippkurort **Bad Grönenbach** erreichen. Mit dem Hohen

Das Woringer Häusle im Freilichtmuseum Illerbeuren aus dem Jahr 1823

Das Hohe Schloss in Bad Grönenbach stammt vermutlich aus dem 13. Jahrhundert.

und Unteren Schloss, der Burg Rothenstein, der Stiftskirche, der Spitalkirche und dem Kollegialstift befinden sich hier mehrere denkmalgeschützte Bauwerke aus dem 11. bis 16. Jahrhundert. Bad Grönenbach besticht daneben durch sein herrliches Alpenpanorama, das Sie auch auf der Weiterfahrt begleitet. Setzen Sie die Fahrt dazu über die MN 24 durch den Wald hindurch fort, an dessen Ende Sie linker Hand eine kleine Abzweigung nehmen und dem Weg bis zum Parkplatz des Waldcafés folgen. Alternativ können Sie Ihr Auto auch am Parkplatz am südlichen Ortsende abstellen und knapp 1,5 km durch den Wald zu Fuß dorthin spazieren. So oder so: Genießen Sie die Bänke und Liegen auf der Anhöhe des sogenannten **Kornhofer Bänkle**, von wo Sie einen traumhaften Blick über das Alpenvorland hinweg bis in die Alpen haben. An klaren Tagen reicht die Sicht über die Gipfel des Naturparks Nagelfluhkette und die Allgäuer Hochalpen bis ins Ammergebirge – mit der Panoramaschaukel im Vordergrund ein schönes Fotomotiv.

Rosso

Drei gemütliche »Bleiben« in der alten Tenne bietet der historische rote Hof, der heute eine moderne Unterkunft samt Atelier, Schwimmteich, Sauna und Hofladen ist.
Oberhub 3, 87452 Altusried, www.dasrosso.com

Ein architektonisches Schmuckstück Kemptens ist sein Rathaus aus dem 15. Jahrhundert.

IN DIE GRÖSSTE STADT DES ALLGÄUS

Die Weiterfahrt verläuft zurück auf der MN 24 weiter in südliche Richtung und bietet an sonnigen Tagen immer wieder Fernsicht in die Berge. Bei Hueb geht die Straße über in die OA 21, die Sie über lang gezogene Geraden und wenige Kurven durch kleine Dörfer zügig weiter in den Süden bringt. Bei Schwarzenbach zweigen Sie links ab auf die St 2377, die nun parallel zur Iller verläuft. Kurz nach Lauben kreuzt die Straße die Iller, die wenige Meter flussaufwärts an der Illerschleife Riederau entlang überraschend hoher Steilhänge fließt. In Hirschdorf zweigen Sie nun links auf die St 2009 / Altusrieder Straße ab, die bereits in der Ferne die Umrisse von Kempten erkennen lässt. In die Memminger Straße übergehend, verläuft die Strecke nun direkt auf das Stadtzentrum von Kempten zu.

Als einstige Römerstadt blickt **Kempten** auf eine 2000-jährige Geschichte zurück und ist heute mit 70 000 Einwohnern die größte Stadt im Allgäu. Eine

malerische Altstadt mit prächtigen historischen Gebäuden sowie eine Vielzahl an Einkaufsmöglichkeiten machen sie zudem zu einem beliebten Reise- und Ausflugsziel. Auch kulturell hat Kempten mit einer abwechslungsreichen Museumslandschaft und ganzjährigen Kultur- und Konzertveranstaltungen jede Menge zu bieten. Nutzen Sie den Besuch für einen Bummel durch die Altstadt oder schließen Sie sich einer Stadt- oder Themenführung an. So gibt etwa die rund zweistündige Themenführung »Alles im Fluss?« entlang der Iller tiefere Einblicke in die Bedeutung des Flusses und führt Sie auch aus dem Stadtzentrum hinaus. Die audiogeführte »Lauschtour« nimmt Sie mit einem Audioguide am Smartphone in Ihrem eigenen Tempo mit auf einen Stadtrundgang durch Kempten.

Auf den letzten Kilometern dieser Tour fahren Sie über die Illerstraße und die St.-Mang-Brücke über die Iller, die Sie noch ein kurzes Stück entlang der B 309 / Füssener Straße begleitet. Der Ausschilderung in Richtung Sulzberg folgend, unterqueren Sie den Schumacherring und fahren dahinter weiter auf der Ludwigstraße. Parallel zur Iller, die Sie nun aber nicht mehr sehen können, verläuft dann die KE 6 durch die südlichen Stadtteile von Kempten, bis sie in die OA 6 übergeht und über die Sulzberger Straße, vorbei an Durach und unter der A 980 hindurch, weiter nach Süden führt. Zu Ihrer Linken erstreckt sich der Öschlesee, auch Sulzberger See genannt, der bereits zum Gemeindegebiet von Sulzberg gehört und in den Sommermonaten ein beliebter Badesee ist. Über zwei lang gezogene Kurven erreichen Sie schließlich **Sulzberg**, das Ziel dieser Tour (siehe auch S. 92).

NUI im goldenen Fässle

Altbekannte und bodenständige Klassiker gibt es ebenso wie originelle Kreationen. Das Ganze in einem Mix aus modernem und traditionellem Ambiente.
Promenadenstraße 2, 87435 Kempten,
www.nui-kempten.de

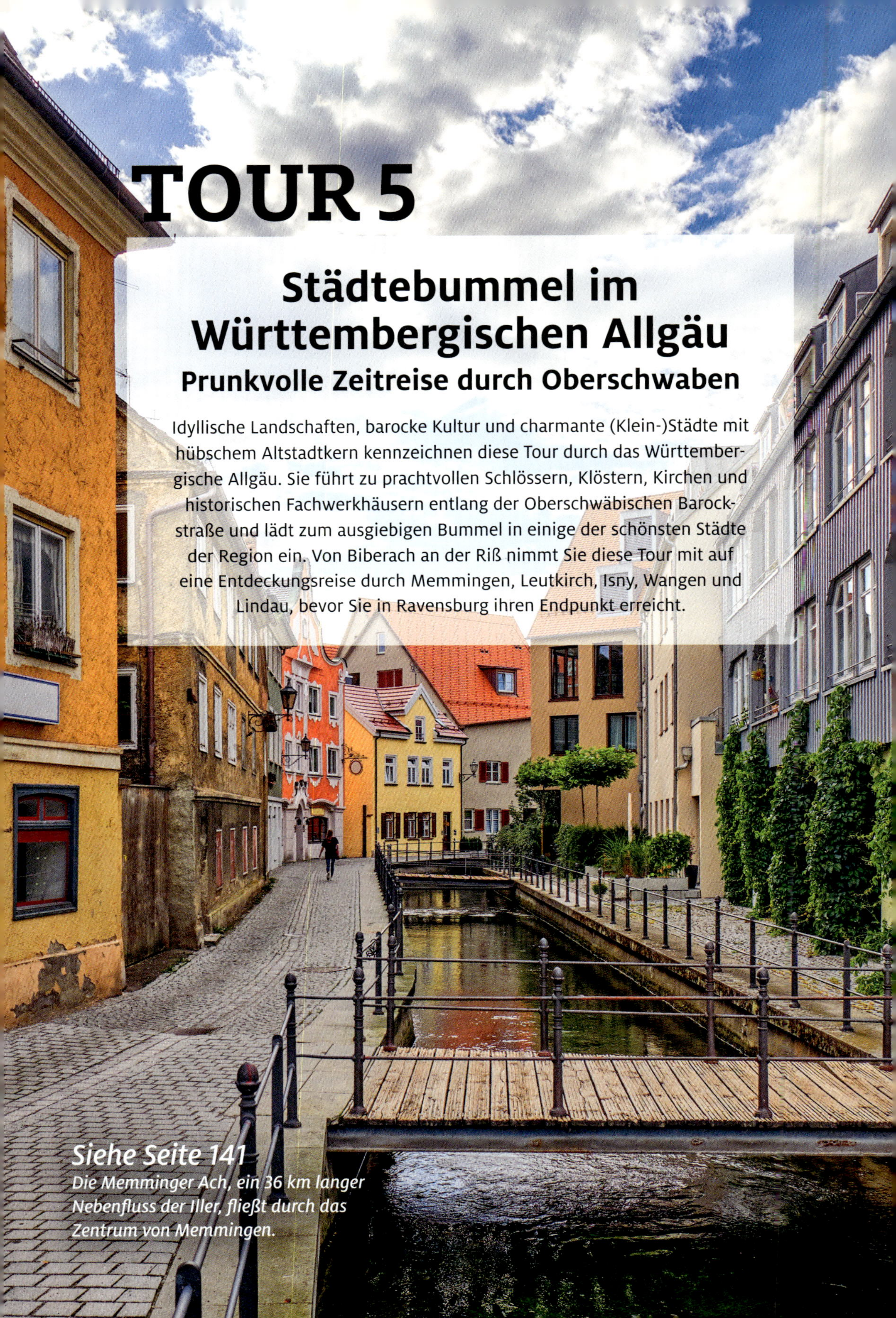

TOUR 5

Städtebummel im Württembergischen Allgäu

Prunkvolle Zeitreise durch Oberschwaben

Idyllische Landschaften, barocke Kultur und charmante (Klein-)Städte mit hübschem Altstadtkern kennzeichnen diese Tour durch das Württembergische Allgäu. Sie führt zu prachtvollen Schlössern, Klöstern, Kirchen und historischen Fachwerkhäusern entlang der Oberschwäbischen Barockstraße und lädt zum ausgiebigen Bummel in einige der schönsten Städte der Region ein. Von Biberach an der Riß nimmt Sie diese Tour mit auf eine Entdeckungsreise durch Memmingen, Leutkirch, Isny, Wangen und Lindau, bevor Sie in Ravensburg ihren Endpunkt erreicht.

Siehe Seite 141

Die Memminger Ach, ein 36 km langer Nebenfluss der Iller, fließt durch das Zentrum von Memmingen.

Die Tour auf einen Blick

ORTE ENTLANG DER ROUTE

1. Biberach an der Riß – Ochsenhausen – Rot an der Rot – Memmingen – Unterzeil – Leutkirch im Allgäu
2. Leutkirch im Allgäu – Urlau – Isny im Allgäu – Eglofs – Wangen im Allgäu
3. Wangen im Allgäu – Lindau – Tettnang – Ravensburg

KILOMETER
ETAPPE 1: 77 KM
ETAPPE 2: 37 KM
ETAPPE 3: 52 KM

Navigation und GPX-Download

REINE FAHRTZEIT
ETAPPE 1: 1½ STUNDEN
ETAPPE 2: ¾ STUNDE
ETAPPE 3: 1 STUNDE

ETAPPE 1

Von Biberach an der Riß nach Leutkirch im Allgäu

⟷ 77 km ca. 1½ Std.  

Bevor Sie zu dieser Tour durch das Württembergische Allgäu aufbrechen, lohnt ein Spaziergang durch das hübsche Städtchen **Biberach an der Riß**. Über 800 Jahre ist die Stadt alt, die mit einem schönen Marktplatz und zahlreichen inhabergeführten Läden, Restaurants und Cafés verzaubert. Besonders sehenswert sind die Simultankirche St. Martin, die ehemalige Zunftsiedlung Weberberg mit den aufwendig sanierten Fachwerkhäusern aus dem 14. Jahrhundert und die in Europa einmalige Weißgerberwalk, die letzte Altsämischgerberei in Deutschland.

BAROCKE DÖRFER

In Biberach treffen zudem gleich drei beliebte Ferienstraßen aufeinander: die Oberschwäbische Barockstraße, die Deutsche Fachwerkstraße und die Oberschwäbische Mühlenstraße. Ersterer folgen Sie auf dieser Tour zumindest abschnittsweise immer wieder. 1966 ins Leben gerufen, führt die Kultur- und Ferienstraße auf 860 km, vier Routen und 50 barocken Stationen zu eindrucksvollen Klöstern, Abteien, Kirchen, Schlössern und Adelssitzen. Aber auch das lebendige Brauchtum, die barocke Küche und klösterliche Bierbraukunst gibt es entlang der Oberschwäbischen Barockstraße zu entdecken, ebenso wie die oberschwäbische Lebensart. Los geht's!

Sie verlassen das Zentrum von Biberach an der Riß über die Waldseer Straße in südliche Richtung und folgen der B 312, die der Hauptroute der Oberschwäbischen Barockstraße entspricht, nach Ochsenhausen. Der Weg dorthin führt Sie auf einer gut ausgebauten Bundesstraße entlang grüner Wiesen und durch Wälder, lediglich von einer kurzen Ortsdurchfahrt unterbrochen.

In **Ochsenhausen** befindet sich das im 11. Jahrhundert gegründete und heute noch gut erhaltene Kloster Ochsenhausen. Die prachtvolle, monumentale Barockfassade des Baus erinnert dabei mehr an ein Schloss als an den Sitz einer Mönchsgemeinschaft. Schon von Weitem sollte einst kein Zweifel an dem Machtanspruch der Abtei aufkommen. In den Räumen des früheren Klosters ist heute die Landesakademie für die musizierende Jugend in Baden-Württemberg untergebracht. Für Besucher sehenswert ist neben der Klosterkirche, dem Bibliothekssaal und der Orgel auch der von den Mönchen angelegte Krummbach, an dem einer der schönsten Spazierwegen Oberschwabens entlangführt.

Am Kloster vorbei geht es über die Brühlstraße und Oberstetter Straße

Ein opulentes Ensemble barocker Architektur empfängt Besucher im Kloster Ochsenhausen.

weiter. Verpassen Sie in der weiten Rechtskurve nicht die unscheinbare Abzweigung linker Hand auf den schmalen Mühlweg, der Sie auf die L 301 / Roter Straße führt. Auf dieser gelangen Sie durch die kleine Ortschaft Eichbühl und können dahinter auf der wenig befahrenen, von weiten Wiesen und Feldern gesäumten Straße an sonnigen Tagen eine kilometerweit reichende Aussicht genießen. Hinter einer lang gezogenen Rechtskurve erreichen Sie **Rot an der Rot**, dessen Ortskern Sie sowohl bei der Ein- als auch bei der Ausfahrt durch zwei prachtvolle Tore passieren.

Rot an der Rot zeichnet sich durch die barocke Klosteranlage Mönchsroth und einen hübsch sanierten Ortskern aus. Wer mag, vertritt sich die Beine bei einem Spaziergang durch den ansehnlichen Klostergarten.

Auf der Weiterfahrt verlassen Sie nun die Oberschwäbische Barockstraße und folgen der L 300, die durch die Ortschaft Tannheim und im weiteren Verlauf als Memminger Straße nach Egelsee führt. Auf der St 2013 kreuzen Sie die Autobahn A 7 und die Iller, bevor Sie in Steinheim rechts auf die B 300 abbiegen, die Sie ins Zentrum von **Memmingen** bringt.

Sieben Türme erheben sich über der barocken Klosteranlage Mönchsroth.

Dienstags und samstags füllt sich der Memminger Marktplatz beim großen Wochenmarkt.

STADT, LAND, SCHLOSS

Mit hübschen Altstadthäuschen und modernen Bauten, prachtvollen Fassaden und einfachen Handwerksbetrieben bietet **Memmingen** einen bunten Architekturmix im Stadtzentrum. Als Teil der Westroute der Oberschwäbischen Barockstraße finden sich auch hier barocke Sehenswürdigkeiten, darunter der Kreuzherrnsaal – einst Kirchenraum des Heilig-Geist-Ordens – und der Hermansbau, in dem das Stadtmuseum untergebracht ist. Mit der charmanten Fußgängerzone, den vielen Einkaufsmöglichkeiten sowie der Vielfalt an Restaurants und hübschen Cafés ist die Stadt in jedem Fall einen Besuch wert.

Verlassen Sie das Stadtzentrum über die St 2009 / Bodenseestraße. Jenseits der Vororte weitet sich die Landschaft entlang der überwiegende gerade verlaufenden Strecke schnell und gibt den Blick über die Felder frei. Bei Volkratshofen und Ferthofen wird die Route wieder etwas kurviger, bevor Sie die Iller queren und im nächsten

 **Illerhof**

Gemütlich-modernes Hofcafé mit kleinen Speisen, Kaffee und Kuchen sowie Hofladen mit selbst gemachten Köstlichkeiten aus regionalen Zutaten und hochwertigen Produkten von lokalen Manufakturen. Flößerstraße 8, 87700 Ferthofen/Memmingen, www.illerhof.de

*Die Erlebnisausstellung MOOR EXTREM im **Naturschutzzentrum Wurzacher Ried** erklärt biologische und naturwissenschaftliche Phänomene rund um das Thema Moore an neun interaktiven Stationen.*

Weitere Details in der ADAC Trips App

Kreisverkehr die Ausfahrt Richtung Aitrach nehmen. Durch den Ort hindurch folgen Sie der Schloßbergstraße, die bergauf in einer engen Haarnadelkurve in die schmale L 314 übergeht und überwiegend durch Wald führt. Im weiteren Verlauf schlängelt sich die wenig befahrene Straße durch teils hügelige und meist grüne Landschaft.

Achten Sie auf die Abzweigung auf die L 301 in Richtung Seibranz, wo die Route entlang der L 309 weiterführt. Waldabschnitte wechseln sich jetzt mit landwirtschaftlich genutzten Flächen ab. Ein kleiner Abstecher bringt Sie kurz vor Unterzeil zum Schloss Zeil auf einer Anhöhe. Das Schloss aus dem frühen 17. Jahrhundert befindet sich in Privatbesitz und ist nicht öffentlich zugänglich. Die Außenanlagen sind jedoch tagsüber geöffnet, sodass Sie an sonnigen Tagen von der Aussichtsterrasse ein traumhafter Blick bis in die Alpen erwartet.

Vom Schloss Zeil windet sich die Straße in mehreren Kurven durch den Wald hinunter nach **Unterzeil**, wo sich in der Ferne der Alpenkamm abzeichnet. Durch den Ortskern hindurch, an einem kleinen Flugplatz vorbei, zweigen Sie in Niederhöfen rechts auf die L 260 ab, die in einer langen Geraden vorbei an Wiesen direkt auf **Leutkirch im Allgäu** zuführt.

Eingebettet in das sanfte Alpenvorland vor der Kulisse der Alpen am Horizont

Brauereigasthof Mohren

Traditionsreiche Atmosphäre in einer altehrwürdigen Gaststube aus dem Jahr 1897 trifft auf regionale, raffinierte Speisen und Bier aus der hauseigenen Brauerei.
Wangener Straße 1, 88299 Leutkirch im Allgäu,
www.haerle-brauereigasthof-mohren.de

schmückt sich die lebendige Stadt mit einem barocken Rathaus, bunten Häuserfassaden, historischen Fachwerkhäusern, kopfsteingepflasterten Gassen und zahlreichen kleinen Geschäften, Restaurants und Cafés. Die Altstadt besitzt so viele historisch bedeutsame Bauten, dass sie als Gesamtanlage unter Denkmalschutz steht. Hier in Leutkirch im Allgäu haben Sie das erste Etappenziel dieser Tour erreicht. Zeit, um gemütlich durch die Altstadtgassen zu schlendern oder bei einem Spaziergang auf dem »Erlebnisweg« die Umgebung der Stadt zu erkunden.

Allgäuer Genusshotel

Modern und historisch zugleich ist das Ensemble aus dem historischen Gasthaus Hirsch und dem modernen Genusshotel mit zeitgemäßen Zimmern und urigen Gaststuben.
Landstraße 8, 88299 Leutkirch im Allgäu,
www.allgaeuer-genusshotel.de

Morgendliche Nebelschwaden in der Landschaft bei Leutkirch im Allgäu

ETAPPE 2

Von Leutkirch im Allgäu nach Wangen im Allgäu

37 km ca. ¾ Std.   

Die zweite Etappe der Tour führt von Leutkirch über die L 318 / Isnyer Straße zunächst in südliche Richtung. Auf der gut ausgebauten Landstraße geht es vorbei an ausgedehnten Wiesen, Feldern und vereinzelten Höfen, in der Ferne tauchen schon die ersten Gipfel der Allgäuer Alpen auf.

REGIONALER GENUSS, LOKALES HANDWERK

Bei **Urlau** verlassen Sie die L 318 für einen kurzen Umweg in den Ortskern. Denn hier befindet sich mit der Allgäuer Genussmanufaktur ein lohnender Stopp entlang der Strecke. In einem historischen Backsteingebäude aus

Die Altstadt von Leutkirch steht zu Recht unter Denkmalschutz.

dem Jahr 1904 sind 15 Genuss- und Kunsthandwerker untergebracht, die regionale Produkte vor Ort herstellen und verkaufen. Vom Bäcker über Brauer und Brenner bis hin zum Kaffeeröster finden Besucher hier nicht nur Spezialitäten aus dem Allgäu, sondern auch Mitbringsel verschiedener regionaler Kunsthandwerker.

Zurück auf der L 318, passieren Sie auf der Weiterfahrt wiederum Wiesen und Äcker sowie einzelne Höfe. Die Fahrt ist landschaftlich reizvoll, entspricht sie doch dem typischen Bild des Allgäuer Alpenvorlands mit Wiesen, sanften Hügeln und Bergen am Horizont.

Schon bald erreichen Sie die Ortseinfahrt von **Isny im Allgäu**, wo Sie am Kurhaus Ihr Auto für eine Stadtbesichtigung gut parken können.

Stadtmauer und Wehrgang, Tore und Türme, Marktplatz und Rathaus verleihen Isny sein Gesicht und zeugen vom einstigen Leben im Mittelalter. Geschäfte, Restaurants und Cafés hingegen holen die hübsche Kleinstadt ins Hier und Jetzt. Ein Mix, der Isny zu einem lohnenden Stopp entlang dieser Tour macht. Wer tiefer in die Geschichte der Stadt eintauchen, bei einer Betriebsbesichtigung hinter die Kulissen lokaler Produzenten schauen oder mehr über regionale Spezialitäten erfahren möchte, nimmt an einer der zahlreich angebotenen und abwechslungsreichen Stadt- und Themenführungen teil. Lohnend ist auch eine Wanderung auf den Schwarzen Grat, der mit 1118 m Höhe, auf dem voralpinen Höhenzug der Adelegg gelegen, der höchste Berg Württembergs ist. 156 Stufen führen hinauf auf den markanten, knapp 30 m hohen Aussichtsturm, der den Blick bis zum Bodensee und auf die Nagelfluh- und Alpenkette freigibt.

 **Hello my deer**

Skandinavisches Interieur, internationale Küche und regionale Zutaten: Frühstück bis in den frühen Nachmittag, Kleinigkeiten, Tapas und Snacks über den Tag und kreative Drinks am Abend.
Marktplatz 6, 88316 Isny im Allgäu,
www.hellomydeer.de

DIE VIELLEICHT SCHÖNSTEN ORTSZENTREN

Über die Lindauer Straße lassen Sie das Zentrum von Isny hinter sich und zweigen am Ende rechts ab auf die B 12 in Richtung Wangen. Einmal mehr befinden Sie sich hier direkt an der Grenze zwischen Bayern und Baden-Württemberg, bleiben jedoch auf den nächsten Kilometern zunächst in Württemberg.

Als wichtige Verbindung nach Lindau ist die B 12 vergleichsweise stark befahren, bietet aber immer wieder tolle Blicke über das Alpenvorland bis in die Berge. Sie ist zudem bestens ausgebaut und ermöglicht dank meist lang gezogener Kurven zügiges Vorankommen.

 **Kleines Stadthaus Isny**

Mitten in der historischen Altstadt befinden sich die beiden hochwertig ausgestatteten Ferienwohnungen mit Sonnenterrasse und kleinem Garten.
Wassertorstraße 31, 88316 Isny im Allgäu,
www.kleinesstadthaus-isny.de

UMSTEIGEPUNKT
ISNY IM ALLGÄU

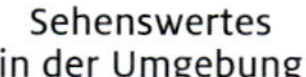

Sehenswertes in der Umgebung

Isny im Allgäu kann auf eine wechselvolle, fast 1000-jährige Geschichte zurückblicken. Dem Aufstieg zur Freien Reichsstadt und bedeutenden Produktionsstätte im Leinwandhandel samt einhergehendem Wohlstand folgte der Niedergang durch billigere Baumwollimporte, Pest und einen verheerenden Brand. Heute bezaubert die kleine Stadt Besucher mit ihren charakteristischen Türmen vor der malerischen Kulisse der Alpen. Die historische Stadtmauer ist in weiten Teilen erhalten, dazu gehören auch zwei Stadttore und fünf Wehrtürme. In der lebendigen mittelalterlichen Altstadt laden rund um den zentralen Marktplatz Restaurants, Cafés und kleine Läden in bunten Häuserzeilen zum Bummeln ein. Zudem reichen mehrere Naturschutzgebiete in der Umgebung fast bis an die Stadtgrenze von Isny und bieten sich für Ausflüge an.

AUSFLUGSTIPP

Ein 3,5 km langer Rundweg führt wenige Kilometer südlich von Isny durch den **Eistobel**, eine 15 000 Jahre alte Schlucht. Auf gut gesicherten Pfaden geht es durch das eindrucksvolle Naturschutzgebiet, vorbei an donnernden Wasserfällen, gewaltigen Stromschnellen und steilen Felswänden.

Naturschutzgebiet Eistobel

ZUR TOUR 3
In Isny können Sie zur Tour 3 Richtung Füssen und Schloss Neuschwanstein umsteigen.

Idyllische Abendstimmung bei Isny

Hinter den sanften Hügeln des Eglofstals erhebt sich die Nagelfluhkette.

Kurz hinter Staudach in der Gemeinde Argenbühl biegen Sie nach einer Linkskurve rechts ab in Richtung **Eglofs**. Der Ort ist zwar verhältnismäßig klein, aber ein kurzer Abstecher lohnt trotzdem, denn mit dem historischen Dorfplatz samt Schuhmichelbrunnen und der imposanten Barockkirche St. Martin gilt Eglofs als eines der schönsten Dörfer Südwürttembergs. Vom Dorfplatz des auf 662 m Höhe gelegenen Orts eröffnet sich zudem ein großartiger Blick auf die Alpen. Wieder zurück auf der B 12, befinden Sie sich übrigens auf den nächsten Kilometern ein weiteres Mal auf der Oberschwäbischen Barockstraße. Diese führt in leichtem Auf und Ab durch Eglofstal hindurch und entlang der Oberen Argen an vereinzelten Landwirtschaften mit Ab-Hof-Verkauf vorbei. Auf Höhe des Tobelbachs verlassen Sie die B 12, zweigen rechts auf die St 2003 ab und erreichen in weniger als 10 Minuten **Wangen im**

Biohotel & Restaurant Adler
Nach ökologischen Grundsätzen geführtes Hotel mit modern renovierten Zimmern und Slow Food-Restaurant in einem denkmalgeschützten Fachwerkhaus aus dem Jahr 1800.
Ravensburger Straße 2, 88267 Vogt,
www.vogter-adler.de

Allgäu. Hier haben Sie das Ziel dieser Etappe erreicht.

»In Wangen bleibt ma hange!« heißt es in einem Narrenlied, das zum Karneval gesungen wird. Nicht ohne Grund, denn Wangen verzaubert Besucher mit einem einzigartigen Flair. Die Altstadt mit ihren historischen Gebäuden, farbenprächtigen Fassaden, Türmen und Toren sowie zahlreichen Brunnen wurde in den 1970er-Jahren unter Denkmalschutz gestellt und rangiert unter den schönsten Stadtensembles Süddeutschlands. Prachtvolle Straßen wie die Herrenstraße, das St.-Martins-Tor (auch Lindauer Tor genannt), das Frauentor (auch Ravensburger Tor) sowie Brunnen wie der Esel-Brunnen oder Kopfwäsche-Brunnen sind unbedingt sehenswerte Stationen auf einem Rundgang durch Wangen. Genießen lässt sich die Stadt auch bei einem Kaffee in einem der vielen Straßencafés, tiefer eintauchen in die Geschichte und Geschichten Wangens bei einer der zahlreichen angebotenen Führungen zu unterschiedlichen Themen.

*Das **Käsereimuseum** in Wangen im Allgäu beleuchtet die Geschichte der Allgäuer Milchwirtschaft und traditionellen Käseherstellung.*

Weitere Details in der ADAC Trips App

Einer der schönsten Straßenzüge Deutschlands: die Paradiesstraße mit Martinstor in Wangen

ETAPPE 3

Von Wangen im Allgäu nach Ravensburg

52 km ca. 1 Std.   

Auf der letzten Etappe dieser Tour führt Sie die Route über die Lindauer Straße aus dem Zentrum von Wangen in südliche Richtung. Um die viel befahrene A 96 und die B 12 zu meiden, bleiben Sie auf der L 320, die Sie in ländlicher Umgebung und durch kleinere Ortschaften immer näher Richtung Bodensee bringt. Hie und da stechen entlang der Fahrt markante Bauten ins Auge, darunter der Burgfried der ehemaligen Burg Neuravensburg, die mehrere Brände erlebte, abgetragen wurde und heute nur noch aus der Ruine des einst begehbaren Turmes besteht.

NAH AM WASSER GEBAUT

Auf der Weiterfahrt wandelt sich die Landschaft allmählich und präsentiert das für die Bodenseeregion typische Bild aus Obstgärten und Weinanbau. Kurz vor Weißensberg geht die Route wieder in die B 12 über, die hier auch als Deutsche Alpenstraße verläuft.

Werft 1919

Gemütliche Atmosphäre im industriellen Stil mit regionaler Küche, die von der Bodenseeregion geprägt ist. Strandkiosk mit Snacks und Drinks an warmen Sommertagen.
Bodan-Werft 11, 88079 Kressbronn am Bodensee,
www.werft1919.com

Auf Höhe Schönbühl ist es dann so weit und es eröffnet sich über den Golfplatz hinweg zum ersten Mal der Blick auf den Bodensee. Dieser währt jedoch nicht lange, denn die Dichte an Häusern nimmt zu, während die B 12 ins Zentrum von Lindau bis nahe ans Bodenseeufer führt.

*Vom **Neuen Leuchtturm** gibt es den besten Blick über Lindau! 139 Stufen wendeln sich den Turm hinauf, der an der berühmten Hafeneinfahrt gegenüber dem bayerischen Löwen steht.*

Weitere Details in der ADAC Trips App

Lindau ist die drittgrößte Stadt entlang dieser Tour durch das Württembergische Allgäu und liegt zwar in Bayern, dennoch darf die hübsche Hafenstadt mit ihrer vorgelagerten Altstadtinsel auf dieser Städtetour nicht fehlen. Planen Sie ruhig etwas Zeit für einen Zwischenstopp ein, denn gerade in der warmen Jahreszeit lädt die Stadt neben dem klassischen Sightseeing oder einem Einkaufsbummel auch zu entspannten Pausen an malerischen Punkten am Seeufer und zu vielfältigen Aktivitäten nahe und auf dem Wasser ein.

600 Jahre alt ist das farbenfrohe Alte Rathaus in Lindau.

UMSTEIGEPUNKT

LINDAU

Sehenswertes in der Umgebung

Lindau am Bodensee ist umgeben von Wasser und Bergen und hat sowohl auf dem Festland als auch auf der Insel viele Highlights zu bieten. Weithin bekannt ist die Ansicht der Lindauer Hafeneinfahrt mit dem bayerischen Löwen und dem Leuchtturm. In der Altstadt, die sich über die Insel erstreckt, laden historische Gebäude, enge Gassen und verwinkelte Plätze sowie Kirchen und das Alte Rathaus zur Erkundung ein. Gelegenheit zur Stärkung zwischendurch finden Sie in zahlreichen Straßencafés und Restaurants.

AUSFLUGSTIPP

Als flächenmäßig größter See Deutschlands ist ein Ausflug auf dem Bodensee ein Muss. Die »Weiße Flotte« der Bodensee-Schifffahrt bietet dabei Rund-

Lindaus Hafeneinfahrt gilt mit dem Alpen- und Bodenseepanorama als die schönste am ganzen Bodensee.

fahrten von unterschiedlicher Dauer an – entweder ins Dreiländereck, entlang des Lindauer Ufers, in die Rorschacher Bucht oder auch zum Sonnenuntergang (www.bsb.de). Ein besonderes Erlebnis ist eine Fahrt an Bord eines Ausflugsdampfers der Historischen Schifffahrt Bodensee (www. hs-bodensee.eu).

Schifffahrt am Bodensee

ZUR TOUR 1
In Lindau können Sie zur Tour 1 rund um den Bodensee umsteigen.

Genug gesehen? Dann setzen Sie die Fahrt über die Friedrichshafener Straße fort und folgen – wenn auch nicht unmittelbar – dem Uferverlauf des Bodensees.

Vorbei an den zauberhaften Ortschaften Wasserburg, Nonnenhorn und Kressbronn, schlängelt sich die Route nahe dem See entlang und passiert eingestreute kleine Hofläden, die mit leckeren lokalen Produkten locken. Einen Blick zurück auf den See darf man sich hingegen nur vereinzelt erhoffen, zu dicht bebaut ist die Region. Nach der Ortsdurchfahrt von Kressbronn nehmen Sie am Kreisverkehr die erste Ausfahrt und folgen dem Straßenverlauf der B 467 in Richtung Tettnang. Die Strecke ist erneut geprägt von Obst- und Weinanbau, es gibt kaum Flächen, die nicht für den Anbau genutzt werden.

*Über 70 Attraktionen in acht Themenwelten warten im **Ravensburger Spieleland** darauf von Groß und Klein entdeckt zu werden – darunter auch die SchokoWerkstatt von Ritter Sport, der Liebherr-Erlebnisspielplatz oder der BRIO Express.*

Weitere Details in der ADAC Trips App

SPIEL, SPASS UND GENUSS

Auf der gut ausgebauten Bundesstraße geht es in lang gezogenen Kurven durch die Bodenseeregion immer weiter nach Norden bis zur Ortseinfahrt von **Tettnang**. Zwar besitzt die Stadt keinen so hübschen Altstadtkern wie etwa Wangen oder Lindau, dafür finden sich aber mit dem Torschloss, dem Alten und dem Neuen Schloss bedeutsame Bauwerke an der Oberschwäbischen Barockstraße. Und auch die Hopfengärten außerhalb der Stadt sollten Beachtung finden, denn der Anbau von Hopfen spielt in und um Tettnang eine wichtige Rolle in der Landwirtschaft. Wer Zeit hat, kann vom Bärenplatz einen schönen Spaziergang zum Hopfengut N°20 unternehmen und unterwegs viel Wissenswertes über den Hopfenanbau und die Bierproduktion erfahren – See- und Bergblick inklusive.

Ein Meer an Obstblüten überzieht im Frühjahr die Region wie hier bei Tettnang.

Setzen Sie die Weiterfahrt über die Ravensburger Straße fort, die Sie in wenigen Minuten auf die B 467 in Richtung Ravensburg führt. Hier kommen Sie noch einmal in den Genuss des weiten Blicks über die grüne, sanft gewellte Bodenseeregion mit ihren charakteristischen Obst-, Wein- und Hopfengärten. Zweigen Sie nach rund 4 km auf Höhe Obereschach rechts ab auf die Tettnanger Straße, die im Verlauf in die Friedrichshafener Straße übergeht. Schon bald wird die Landschaft abgelöst von Gewerbe- und Industriebetrieben, die die Stadteinfahrt von Ravensburg säumen. Halten Sie sich

  **Hopfengut N°20**

Brauerei, Museum, Laden, Gaststätte und Ferienhaus in einem. Vor Ort werden Aromahopfen für nationale und internationale Brauereien produziert, besondere Bierspezialitäten gebraut und Besuchern die Welt des Hopfens nähergebracht. Hopfengut 20, 88069 Tettnang, www.hopfengut.de

Blick vom Blaserturm über die historische Altstadt von Ravensburg

eher rechts und folgen Sie nicht dem Straßenverlauf der Jahnstraße, sondern steuern Sie über die Hindenburger Straße direkt das Stadtzentrum von **Ravensburg** an. Am Marienplatz haben Sie das Ziel dieser Tour erreicht. Dort finden Sie auch ausreichend Parkmöglichkeiten.

Ravensburg – Stadt der Türme und der Tore. Das Obertor, der Blaserturm und der Mehlsack zählen ebenso dazu wie die Veitsburg. Insgesamt 17 Türme und Tore gibt es in Ravensburg. Sie zeugen eindrucksvoll von der Bedeutung, die Ravensburg im Mittelalter als wichtiges Handelszentrum innehatte. Heute ist Ravensburg die wichtigste Einkaufsstadt in Oberschwaben und der Stammsitz des bekannten Spieleherstellers. Ganze sieben überdimensionale blaue Spielkegel stehen unübersehbar an verschiedenen Punkten in der Altstadt und unterstreichen Ravensburgs Spieletradition – zudem sind sie beliebte Fotospots für Besucher. Einen davon können Sie am Marienplatz sehen, dem zentralen Platz in der Innenstadt und idealen Ausgangspunkt für einen Rundgang. Hier ragt auch der 51 m hohe Blaserturm in den Himmel, von dessen Aussichtsetage sich ein fantastischer Weiblick öffnet. Bummeln Sie danach durch die Bachstraße, begleitet vom Flappach, dem Stadtbach, der hier offen dahinfließt. Oder schlendern Sie durch die hübsche, von historischen Patrizierhäusern gesäumte Marktstraße und genießen Sie einen Kaffee oder Aperitif. Mit einem weiteren herrlichen Ausblick über die Stadt und das Umland belohnt Sie ein Spaziergang hoch auf die Veitsburg.

*Entdecken Sie im **Museum Ravensburg** die frühen Spiele und Bücher des renommierten Spieleunternehmens, begegnen Sie den bekannten Klassikern und erfahren Sie, wie ein Spiel entsteht oder ein Puzzle gemacht wird.*

Weitere Details in der ADAC Trips App

Kniffliger Spaß aus Ravensburg

 **Kaiserhof**

In einem historischen Gebäude mit über 100-jähriger Geschichte befindet sich heute ein Boutique-Hotel mit 51 stilvollen Zimmern und Suiten sowie einem Restaurant mit moderner Küche auf hohem Niveau. Mauerstraße 17, 88212 Ravensburg, www.kaiserhof-rv.de

Im Herbst geben goldgelbe Farben im Allgäu den Ton an, wie hier außerhalb von Isny.

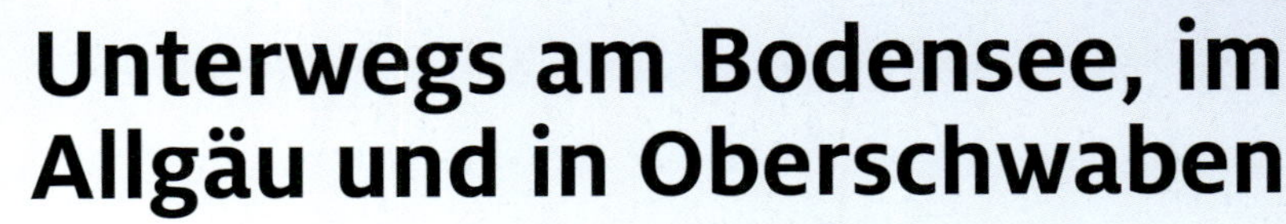

Unterwegs am Bodensee, im Allgäu und in Oberschwaben

Praktische Tipps für Ihre Reise

Der Bodensee und die Region Allgäu-Oberschwaben sind ein perfektes Auto-Reiseziel. Abwechslungsreiche und gut ausgebaute Straßen bringen Sie über Berg und Tal in schöne Städte und idyllische Dörfer, zu malerischen Naturschauplätzen und vielfältigen Ausflugszielen. Unterkünfte für jeden Geschmack und Geldbeutel sowie feine Restaurants und urige Gasthäuser mit einem spannenden Mix aus traditioneller und moderner Küche runden die Reise durch den Süden Deutschlands ab. Auf den folgenden Seiten erhalten Sie alle notwendigen Infos und viele praktische Tipps, damit Ihr Roadtrip zu einer gelungenen Reise wird – viel Vergnügen!

Zum Sonnenuntergang legt sich idyllische Ruhe über den Bodensee.

ANREISE

AUTO

Die Anreise ins Allgäu und an den Bodensee ist über die Autobahn A 7 bzw. A 81 oder aus München kommend über die Autobahn A 96 möglich. Gut ausgebaute Bundes- und Landstraßen führen zu den wichtigsten Städten und Dörfern der Region. Gerade an den Wochenenden und in den Ferien kann es aus Richtung München zu einem hohen Verkehrsaufkommen kommen, da dann auch Tagesausflügler unterwegs sind. Auf der A 7 kommt es vor allem auf den letzten Kilometern vor dem Grenztunnel Füssen regelmäßig zu langen Staus, da es sich hierbei um eine der wichtigsten Routen in den Süden handelt.

Einreise und Verkehr in Österreich
Für die Einreise nach Österreich benötigen Sie ein gültiges Reisedokument (Reisepass, Personalausweis).
Auf österreichischen Autobahnen ist die Vignette für alle Kfz bis 3,5 t Pflicht, für manche Passstraßen fallen Mautgebühren an. Autobahn- und Mautgebühren können vorab online auf www.asfinag.at entrichtet werden, die Vignette ist zudem im Vorverkauf bei Verkaufsstellen des ADAC und ÖAMTC sowie vor Ort an Tankstellen, in Tabak-Trafiken oder bei Asfinag-Mautstellen erhältlich.

Einreise und Verkehr in der Schweiz
Für die Einreise in die Schweiz benötigen Sie ein gültiges und von der Schweiz anerkanntes Reisedokument (Reisepass, Personalausweis).
Auf Schweizer Nationalstraßen ist die Vignette für Pkw und Motorräder Pflicht. Diese kann im Vorverkauf in ADAC- oder ÖAMTC-Vertriebsstellen erworben werden, oder in der Schweiz selbst an Tankstellen, am Postschalter oder bei den Zollstellen an der Grenze.

BAHN

Die Anreise ins Allgäu mit der Bahn ist aus vielen Teilen Deutschlands oft mit nur einem Umstieg möglich. Aus Nordrhein-Westfalen verkehrt sogar einmal am Tag eine Direktverbindung von Dortmund via Köln bis nach Oberstdorf. Ansonsten sind mit Umstieg in Augsburg oder München zahlreiche Ziele mit der Bahn zu erreichen.
Auch in die Bodenseeregion gibt es Direktverbindungen aus vielen Städten. Über Karlsruhe, München und Stuttgart nach Konstanz oder Lindau; über Zürich, Basel und Innsbruck nach Bregenz.

BUS

Sehr günstig reist man mit Anbietern wie Flixbus (www.flixbus.de). Mehrmals täglich gibt es Verbindungen aus großen deutschen Städten in mehrere Zielorte im Allgäu und am Bodensee.

FLUGZEUG

Zwar verfügt das Allgäu mit dem Flughafen Memmingen über einen international gut angebundenen Flughafen, Direktflüge aus deutschen, österreichischen oder Schweizer Städten gibt es jedoch nicht.

Der Bayerische Löwe und der Neue Leuchtturm an der Hafeneinfahrt sind Wahrzeichen der Stadt Lindau.

Er ist der südlichste Verkehrsflughafen Deutschlands, der Bodensee-Airport Friedrichshafen.

Wer mit dem Flugzeug aus dem Norden Deutschlands anreisen möchte, fliegt nach München und fährt von dort am besten mit der Bahn weiter.
Der Bodensee-Airport Friedrichshafen wird mehrmals am Tag von der Lufthansa aus Frankfurt angeflogen.
Der Flughafen St. Gallen-Altenrhein in der Schweiz wird von Wien aus angesteuert.

MIETWAGEN

In den größeren Städten der Region gibt es Mietwagenstationen bekannter Anbieter, je ländlicher es wird, umso dünner wird das Angebot. Es stehen dann entweder regionale oder auch keine Anbieter zur Verfügung. Für Mitglieder bietet die ADAC-Autovermietung günstige Konditionen an, etwa an den Standorten Füssen, Kempten, Memmingen oder Lindau (adac.de/autover mietung, in ADAC-Geschäftsstellen oder unter Tel. 089/76 76 20 99).

MIT DEM AUTO UNTERWEGS

STRASSEN

Die Straßen am Bodensee, im Allgäu und in Oberschwaben sind gut ausgebaut, selbst kleine Nebenrouten sind meist gut asphaltiert. Lediglich die Anfahrt zu Zielen in den Bergen

oder an entlegenen Orten können über holprige Forststraßen oder schmale Zufahrtswege führen.
In Deutschland sind die üblichen Geschwindigkeitsbegrenzungen von 50 km/h innerorts und 100 km/h außerorts einzuhalten.
In Österreich gelten die gleichen Obergrenzen, auf Autobahnen max. 130 km/h (auf den Transitautobahnen A10, 12, 13 und 14 nachts nur 100 km/h).
Die Geschwindigkeitsbegrenzungen liegen in der Schweiz innerorts bei 50 km/h, außerorts sind es 80 km/h und auf der Autobahn 120 km/h.
Die ADAC-Verkehrsinformation liefert aktuelle Meldungen zu Staus, Baustellen und Umleitungen: adac.de/verkehr/verkehrsinformationen.

FAHRWEISE UND WITTERUNGSVERHÄLTNISSE

So vergnüglich manche Pass- und Bergstraßen im Sommer auch sind, im Winter können sie schnell tückisch werden. Selbst moderate Steigungen lassen einen bei winterlichen Fahrverhältnissen ins Rutschen geraten oder den Anstieg nicht schaffen. Informieren Sie sich gerade im Winter über die Schneeverhältnisse auf Berg- und Zufahrtsstraßen, beachten Sie die allgemeine Winterreifen- und etwaige Schneekettenpflicht.

Tolle Ausblicke wie hier am Forggensee sind bei einer Fahrt durch die Region garantiert.

Schon aus der Ferne ist die historische Burg Ehrenberg mit der Hängebrücke highline179 bei Reutte zu sehen.

KARTEN UND NAVIGATION

Die Ausschilderung ist in der Regel sehr gut, sodass man sich auch leicht ohne Navigationssystem zurechtfindet. Dennoch sind Navis ein gutes Hilfsmittel, um versteckte Zufahrten oder abgeschiedene Orte zu finden. Hilfreich sind etwa Routenplaner wie maps.adac.de oder maps.google.de, die auch aktuelle Verkehrsinformationen berücksichtigen.

PARKEN

Außerhalb der Ferienzeiten ist es meist problemlos, in Städten und an bekannten Ausflugszielen einen (ausgeschilderten) Parkplatz zu finden, der in der Regel meist kostenpflichtig ist. Zu Hauptreisezeiten kann die Suche gerade an beliebten Sehenswürdigkeiten schon mal etwas länger dauern.

TANKSTELLEN UND E-LADESTATIONEN

Nicht nur das Tankstellennetz, auch das Netz an E-Ladestationen ist mittlerweile gut ausgebaut. Diese sind z. B. im Reise- und Routenplaner des ADAC unter maps.adac.de oder auf www.

Die meisten Straßen in der Region sind auch gut für Vans und Wohnmobile geeignet.

asmobil.chargecloud.de für das Allgäu oder www.echt-bodensee.de/planen/anreise/mobil-vor-ort/elektroladesaeulen für den Bodensee zu finden.

VAN UND WOHNMOBIL

Die in diesem Buch vorgestellten Touren sind vorrangig für Pkw – oder auch Motorräder – konzipiert. Dennoch eignen sie sich zum größten Teil auch für Vans und Wohnmobile. Vorsicht ist jedoch bei der Einfahrt in (historische) Stadtzentren oder zu (Ausflugs-)Zielen in den Bergen geboten.

Entlang der Touren gibt es empfehlenswerte Stellplätze und entsprechende sanitäre Einrichtungen. Der ADAC Stellplatzführer Deutschland und Europa gibt eine Orientierung bei der Suche.

PANNE UND UNFALL

Bei einem Problem mit einem Mietwagen sollten sie zunächst den Autovermieter anrufen. Bei einer Panne oder einem Unfall denken Sie daran, die Stelle abzusichern, gegebenenfalls Erste Hilfe zu leisten und Einsatzkräfte zu informieren (Notruf 112).
Die ADAC Pannenhilfe erreichen Sie bei Fahrzeugpannen oder -unfällen innerhalb Deutschlands unter der Tel. 089/20 20 40 00, aus dem Ausland unter +49 89 22 22 22 (Kosten abhängig vom Netzprovider). Das Mitführen einer Warnweste, eines Warndreiecks und eines Erste-Hilfe-Sets ist übrigens in Deutschland ebenso Pflicht wie in Österreich. In der Schweiz ist nur ein Warndreieck obligatorisch, der Rest hingegen empfohlen. Prüfen Sie gerade bei Mietwagen, ob alles im Auto vorhanden ist.

PRAKTISCHES FÜR DEN REISEALLTAG

EINKAUFEN

Supermärkte und Geschäfte findet man in größeren Orten, Städten und in beliebten Touristenregionen. In kleineren Ortschaften oder entlang der Straße gibt es – gerade in der ländlichen Region – auch öfters kleine Hofläden mit Produkten aus eigener Herstellung oder Selbstbedienungsautomaten. In den Städten und größeren Orten finden regelmäßig Wochen- und Bauernmärkte statt. Auch dort können regionale Spezialitäten direkt von den Erzeugern erworben werden.

FEIERTAGE

1. Jan. (Neujahr), 6. Jan. (Heilige Drei Könige), Karfreitag, Ostermontag, 1. Mai (Tag der Arbeit), Christi Himmelfahrt, Pfingstmontag, Fronleichnam, 15. August (Mariä Himmelfahrt; nur in bayerischen Gemeinden mit überwiegend kathol. Bevölkerung), 3. Okt. (Tag der Deutschen Einheit), 1. Nov. (Allerheiligen), 25./26. Dez. (Weihnachten)

GELD UND KREDITKARTEN

Während in Deutschland und Österreich mit dem Euro bezahlt wird, gilt in der Schweiz der Schweizer Franken. Zahlungen sind, wenn nicht gerade an ländlichen Orten, in der Regel problemlos mit Kreditkarte möglich, sodass ein Geldwechsel nicht zwingend erforderlich ist. In Deutschland und in Österreich werden in Städten und Geschäften meist alle gängigen EC- oder Kreditkarten akzeptiert. In der Gastronomie oder an Ausflugszielen

Obst- und Weinanbau prägen das Landschaftsbild am Bodensee.

Auch im Winter ist die Allgäu-Bodenseeregion ein reizvolles Reiseziel.

in ländlichen Gegenden oder in den Bergen kann jedoch oft nur mit Bargeld bezahlt werden.

GESUNDHEIT

Die medizinische Versorgung ist in der Regel sehr gut. Bei einem Notfall wenden Sie sich am besten direkt an das nächste Krankenhaus. Im Ausland reicht die Europäische Krankenversicherungskarte zur Vorlage beim Arzt oder im Krankenhaus. Apotheken haben meist Mo–Fr ganztags, Sa nur vormittags geöffnet (www.aponet.de).

KLIMA UND REISEZEIT

Blühende Wiesen im Frühling, malerische Bergseen im Sommer, goldfarbene Wälder im Herbst und verschneite Berge im Winter – die Allgäu-Bodenseeregion ist das ganze Jahr über eine Reise wert. Kann es im Winter auch mal zweistellige Minusgrade haben, klettert die Anzeige im Sommer auch gerne mal über die 30-Grad-Marke. In den Bergen ist es dann angenehm warm. Wenn es im Herbst andernorts tagelang neblig ist, setzt sich im Allgäu oftmals die Sonne durch. Zu 100 Prozent vorhersehbar ist das Wetter jedoch nie: Mit einem plötzlichen Wintereinbruch muss ebenso gerechnet werden wie mit Ausbleiben des Schnees an Weihnachten. Die langen Wochenenden im Frühjahr und die Sommermonate sind ebenso Hauptreisezeit wie die Weihnachts- und

Skiferien im Winter. Weniger los ist meist in der Zwischensaison, grob gesagt im März/April (mit Ausnahme von Ostern) und Oktober/November.

KULTUR

Das ganze Jahr über locken traditionelle Brauchtumsveranstaltungen, moderne Inszenierungen und spannende Museen Kulturinteressierte in den Süden Deutschlands. Einen Überblick bieten die Veranstaltungskalender für das Allgäu (www.allgaeu.de/kultur/veranstaltungen), den Bodensee (www.bodensee.de/veranstaltungskalender) und Oberschwaben (www.oberschwaben-tourismus.de/reiseplanung/veranstaltungen).

NOTFALL

Notruf

- Tel./Mobil: 112 (EU-weit: Polizei, Unfallrettung, Feuerwehr)

ADAC Info Service

- Tel. 08 00/510 11 12 (Mo–Sa 8–20 Uhr)

ADAC Pannenhilfe

- in Deutschland Tel. 089/20 20 40 00, Mobil 22 22 22, aus dem Ausland Tel. +49 89 22 22 22 (Verbindungskosten je nach Netzbetreiber)

ADAC Ambulanzdienst

- Tel. 089/76 76 76 (24 Std., Erkrankung, Unfall, Verletzung, Transportfragen, Todesfall)

ÖAMTC Schutzbrief Nothilfe

- Tel. +43 1 251 20 00, www.oeamtc.at

Einsatzzentrale TCS-ETI-Schutzbrief

- Tel. +41 58 827 22 20, www.tcs.ch

Ärztlicher Bereitschaftsdienst

- Tel. 11 61 17

ÖFFENTLICHE VERKEHRSMITTEL

Bus und Bahn

Gut ausgebaut ist das Bus- und Bahnnetz im Allgäu und in der Region Bodensee-Oberschwaben. Selbst kleinere Ortschaften werden, wenn auch in größeren Taktabständen, von Bussen angesteuert. Aktuelle Fahrplanauskünfte liefern Moby, die Mobilitätsapp für ganz Bayern (www.bahnland-bayern.de), sowie bodo (www.bodo.de) für Bodensee-Oberschwaben. In vielen Urlaubsorten erhalten Übernachtungsgäste eine

Gästekarte. Oftmals berechtigt diese zur kostenfreien Nutzung der regionalen öffentlichen Verkehrsmittel.
Tipp: Mit dem Bodensee Ticket (erhältlich z.B. in DB-Verkaufsstellen der Region) fahren Sie mit Bus, Bahn und Fähre innerhalb der gelösten Zonen – wohin Sie wollen und so oft Sie wollen. Das Besondere daran: Das Bodensee Ticket (www.bodensee-ticket.com, erhältlich als 1- oder 3-Tagespass) gilt länderübergreifend in Deutschland, Österreich und in der Schweiz.

Schiff
Wer den Bodensee und das Allgäu vom Wasser aus erleben möchte, findet dazu reichlich Gelegenheit. Ebenso zahlreich wie die zur Auswahl stehenden unterschiedlichen Rundfahrten und Ziele am Bodensee sind die Anbieter (u.a. die Bodensee-Schiffsbetriebe, www.bsb.de). Schon die Überfahrt mit der Autofähre am Bodensee ist ein Erlebnis für sich. Und auch am Forggensee bei Füssen sind Ausflüge per Schiff möglich (www.forggensee-schifffahrt.de).

Vom Hafen in Meersburg legen Fähren und Ausflugsschiffe ab.

Charmante Gasthäuser, grüne Biergärten und Gartenlokale, wie hier die Obere Mühle in Bad Hindelang, laden zur gemütlichen Einkehr ein.

ÖFFNUNGSZEITEN

In den Städten sind die Geschäfte meist Mo–Sa 8–20 Uhr geöffnet, sonn- und feiertags geschlossen. Dass die Region aber ansonsten ländlich geprägt ist, zeigt sich vielerorts nicht zuletzt an den Öffnungszeiten von Läden, Banken und Ämtern. Diese sind meist über Mittag geschlossen und haben auch abends kürzere Öffnungszeiten. In der Regel gelten Öffnungszeiten von 8–18 Uhr mit einer ein- bis zweistündigen Mittagspause, wobei größere Supermärkte durchgehend und auch abends vereinzelt länger geöffnet sind. Öffnungszeiten von Sehenswürdigkeiten und Ausflugszielen sind individuell geregelt, weshalb es ratsam ist, sich vorab zu informieren.

RESTAURANTS

Die kulinarische und gastronomische Vielfalt ist groß. Von urigen Berghütten über moderne Restaurants bis hin zur feinen Gourmetküche ist alles dabei. Saisonale und regionale Zutaten sind von jeher fester Bestandteil der einheimischen Küchen und werden sowohl zu traditionellen und regionaltypischen Gerichten wie auch zu modern interpretierten Menüs verarbeitet. Milch, Käse und Fleisch kommen meist ebenso aus unmittelbarer Umgebung wie Obst und Gemüse. Nicht zu vergessen frischer Fisch aus dem Bodensee und köstliche Wildgerichte im Herbst.
Während im Allgäu das Bierbrauen einen hohen Stellenwert einnimmt, sind es am Bodensee der Weinanbau und edle Destillate, die die Getränkekarten gut sortierter Restaurants und Gasthäuser bestimmen.

SICHERHEIT

Der Bodensee, das Allgäu und Oberschwaben sind ein sehr sicheres Reiseziel. Dennoch gilt wie andernorts auch: Keine Taschen, Kameras oder sonstige Wertgegenstände im Auto zurücklassen oder offen auf dem Tisch und am Badeplatz liegen lassen. Dokumente oder Wertgegenstände deponieren Sie am besten im Hotelsafe.
Gerade in den Bergen sollten unnötige Risiken vermieden und Gefahren nicht außer Acht gelassen werden. Immer wieder überschätzen Urlauber ihre Fähigkeiten und Kondition bei Ausflügen in den Bergen. Auch bei einem plötzlichen Wetterumschwung sollte man vorsichtig sein.

SPORT

Der Bodensee und das Allgäu sind ein Paradies für Natur- und Bergliebhaber. Zahlreiche Aktivitäten am Berg und im Tal, an Land und im Wasser laden zu sportlicher Betätigung ein.

Baden

Zahllose Seen und Naturbadeplätze im Allgäu und natürlich der Bodensee bieten reinstes Badevergnügen. Die Wasserqualität wird nach strengen Kriterien geprüft und ist meist gut bis ausgezeichnet.
Die größeren Badeseen verfügen in der Regel über ausgewiesene Badeplätze mit Kiosk, Verleihstationen, WC-Anlagen und Sportplätzen.

Am nördlichen Ufer des Bodensees thront in herrlicher Lage hoch über dem See die Burg Meersburg.

Es gibt zahllose Möglichkeiten, die Region zu erkunden: ob auf dem Fahrrad …

Golf

21 wunderschön gelegene Golfplätze zwischen Bodensee und Schloss Neuschwanstein machen das Allgäu zu einem lohnenden Ziel für passionierte Golfer. Und auch am Bodensee finden sich abwechslungsreiche 6-, 9- und 18-Loch-Golfplätze in allen Schwierigkeitsgraden.

Joggen

Wer auch im Urlaub die Laufschuhe schnüren will, findet dafür zahlreiche geeignete Strecken – querfeldein durch hügelige Landschaften, entlang von Seen oder auch zum Trailrunning in den Bergen.

Klettern

Nicht nur Berge laden in den Allgäuer Alpen zum Klettervergnügen, auch Kletter- und Hochseilgärten, Boulder- und Kletterhallen lassen den Puls von Adrenalinjunkies ansteigen.

Radfahren

Das Wegenetz an Radrouten durch die Region ist schier endlos, die Beschilderung ausgesprochen gut. Besonders empfehlenswert sind etwa Abschnitte auf der Radrunde Allgäu, einem 475 km langen Radfernweg, der Illerradweg bis zum Illerursprung oder der Bodensee-Königsee-Radweg. Auch Mountainbiker kommen in den Bergen auf ihre Kosten.

Wandern
Die Allgäuer Alpen bieten vielfältige Möglichkeiten für ausgiebige Berg- und Gipfeltouren. Ambitionierte Tourengeher kommen hier ebenso in den Genuss wie Gelegenheitswanderer oder Familien.

Wassersport
Ob Segeln oder Surfen, Kiten oder Stand-up-Paddeln, Kajaken oder Rafting – nahezu alle Wassersportarten stehen in den Seen, Flüssen und Schluchten der Region zur Auswahl. Wassersportschulen und Outdoor-Guides bieten Schnupperkurse und geführte Touren an.

TELEFON UND INTERNET
Nicht in jedem Ort und schon gar nicht in den Bergen ist mit uneingeschränkter Verfügbarkeit des Handynetzes und mobilen Daten zu rechnen. Je nach Ziel und Aktivität ist es empfehlenswert, die wichtigsten Nummern vorab zu speichern und Kartenmaterial für Autofahrten oder Wanderungen in den Bergen offline zu laden.
Achten Sie in grenznahen Regionen – also speziell in den Allgäuer Alpen und am Bodensee – auf einen möglichen Providerwechsel Ihres Telefonanbieters und deaktivieren Sie in der Schweiz mobile Daten auf Ihrem Handy, um

... oder auf Wanderwegen, die alle grandiose Landschaftseindrücke bieten.

Aus dem Allgäu nicht wegzudenken: das typische Allgäuer Braunvieh

böse Überraschungen auf der nächsten Telefonrechnung zu vermeiden.

UNTERKUNFT UND HOTELS

Von Campingplätzen über private Ferienwohnungen bis hin zu Hotels in allen Kategorien steht in der Region Bodensee, Allgäu und Oberschwaben eine Vielzahl an touristischen Unterkunftsbetrieben zur Verfügung. Diese sind über lokale Tourismusverbände ebenso zu buchen wie direkt über die Hotelwebsite, Buchungsplattformen oder Anbieter wie Airbnb. Gerade für Reisen in den Ferienzeiten sollte möglichst früh an die Buchung einer Unterkunft gedacht werden, um hohe Preise und geringe Verfügbarkeiten zu vermeiden.

ZOLLBESTIMMUNGEN

Innerhalb der EU unterliegen die Güter für den persönlichen Gebrauch keinen Beschränkungen und dürfen abgabenfrei eingeführt werden.
Bei der Ein- und Ausreise in bzw. aus der Schweiz sind jedoch bestimmte Mengen- und Wertgrenzen einzuhalten, um Waren einfuhrabgabenfrei nach Deutschland einzuführen. Beispielsweise: Alkohol bis 22 % Vol. bis zu 2 Liter, Spirituosen ab 22 % Vol. bis zu 1 Liter, nicht schäumende Weine bis zu 4 Liter, Bier bis 16 Liter, Zigaretten bis 200 Stück. Detaillierte Informationen finden Sie beim Zollamt des jeweiligen Landes (www.zoll.de, www.bmf. gv.at/zoll, www.zoll.ch).

UNTERWEGS MIT KINDERN

Handy, Tablet & Co. haben keinen Akku mehr oder sind gleich zu Hause geblieben? Alle Hörbücher sind ausgehört? Neben dem Klassiker »Ich sehe was, was Du nicht siehst« sorgen diese Spiele für gute Stimmung auf den Rücksitzen:

FÜR KINDERGARTEN- UND GRUNDSCHULKINDER (MIT ANLEITUNG DURCH ELTERN)

- Ravensburger Tiptoi: Ratespaß auf Reisen - Sachwissen zu den Themen Straßenverkehr und Verkehrssicherheit (Altersempfehlung des Herstellers: 4-8 Jahre). Der Tiptoi-Stift muss separat erworben und sollte vor dem Urlaub komplett aufgeladen werden.

- Schmidt Spiele: Auto-Bingo, Bring Mich mit Spiel in der Metalldose (Altersempfehlung des Herstellers: ab 5 Jahre). Kleines, handliches Spiel für 1-3 Spieler, bei dem die Spieler verschiedene Gegenstände am Wegesrand entdecken und auf Kärtchen abhaken müssen.

- Uping: Magnetisches Holzpuzzle und Tafel (Altersempfehlung des Herstellers: ab 3 Jahre). Praktischer, kreativer Begleiter zum Puzzeln und Malen unterwegs, Vorsicht: Viele kleine Einzelteile, eventuell nur die größeren Magnetteile mit in den Urlaub nehmen!

- N. Pratt, E. Bone: Kunterbunte Spiele für lange Reisen: mit abwischbarem Stift. 50 Spielkarten mit Rätseln, Labyrinthen und Knobelaufgaben (Altersempfehlung: ab 6 Jahren, ISBN: 978-1782320296)

- S. Tudhope (Autor), M. Hill, M. Maynard (Illustrationen): Seitenweise Reisespiele: mit heraustrennbaren Seiten. Spieleklassiker wie Schiffe versenken, Tic Tac Toe für unterwegs (Altersempfehlung: ab 7 Jahren, ISBN: 978-1782322900)

- P. Gesierich: KFZ-Kennzeichen - Sticker-Sammelalbum für Ratespaß unterwegs auf Reisen (Altersempfehlung: ab 6 Jahren, ISBN: 978-3961118540)

FÜR JUGENDLICHE UND ERWACHSENE

- Coogam: Tangram-Buch mit 360 magnetischen Puzzle-Teilen. Traditionelles Puzzle aus Asien fürs Handgepäck mit einfachen und komplexeren Mustern zum Nachlegen (auch für Kinder ab 4 Jahren zum Mitspielen geeignet).

- R. Dobelli : Die Kunst des klaren Denkens: Das Kartenspiel, mit dem Sie Denkfehler erkennen und vermeiden (ISBN: 978-3742313287). Originelles und lehrreiches Kartenspiel zum Sachbuch-Bestseller »Die Kunst des klaren Denkens«.

REGISTER

I

J

K

L

M

N

O

P

R

S

T

U

V

W

Z

ADAC Service Bodensee, Allgäu, Oberschwaben

Beim **ADAC Info-Service**, in den **ADAC Geschäftsstellen** sowie auf dem **Internetportal des ADAC** (adac.de) erhalten Sie Informationen zu den Dienstleistungen des Automobilclubs und zu Ihrem Reiseziel. In der ADAC Trips App (adac.de/services/apps/trips, siehe Seite 9) finden Sie Infos zu allen Touren und Sehenswürdigkeiten.
Als **ADAC Mitglied** können Sie das kostenlose **ADAC Tourset® Bodensee/Allgäu** (adac.de/reise-freizeit/reiseplanung/tourset) mit vielen Reiseinfos und Karten anfordern. Bei Pannen und Notfällen steht Ihnen unser Team rund um die Uhr telefonisch und digital (adac.de/hilfe und ADAC Pannenhilfe App) zur Verfügung.

ADAC Info-Service
T 089 558 95 96 97
Infos zu allen ADAC Leistungen
(Mo–Sa 8–20 Uhr)

ADAC Pannenhilfe Deutschland
T 089 20 20 40 00, Mobil 22 22 22
(Verbindungskosten je nach Netzbetreiber/Provider)

ADAC Ambulanz-Service
T +49 89 76 76 76, adac.de/ambulanzonline
(Erkrankung, Unfall, Verletzung, Transportfragen, Todesfall)

ADAC Pannenhilfe Ausland
T +49 89 22 22 22
(Verbindungskosten je nach Netzbetreiber/Provider)

Online-Angebote des ADAC für Ihre Reiseplanung

Service	Webadresse
Reiseinspirationen, -planung und -hinweise	adac.de/reise-freizeit/reiseplanung
Aktuelle Verkehrslage	adac.de/verkehr
Individuelle Routenplanung	adac.de/maps
Infos zu Tankstellen und Spritpreisen	adac.de/tanken
Infos zu mautpflichtigen Strecken	adac.de/mautportal
Infos zu Fährverbindungen	adac.de/faehren
Aktuelle Infos vor Reiseantritt	adac.de/tourmail
Informationen für Camper	adac.de/camping
Informationen für Motorrad- und Oldtimerfahrer	adac.de/reise-freizeit/reisen-motorrad-oldtimer
Informationen für Segler und Skipper	skipper.adac.de
ADAC Reiseangebote	adacreisen.de
ADAC Autovermietung	adac.de/autovermietung
ADAC Versicherungen für den Urlaub	adac.de/versicherungen
Weltweite Preisvorteile für ADAC Mitglieder	adac.de/vorteile-international
Telemedizinische Beratung	adac.de/meinmedical

Auf den Geschmack gekommen? Dann gehen Sie doch auch in weiteren Regionen auf einen **inspirierenden Roadtrip**! Alle Bände gibt es im Buchhandel, bei den ADAC Geschäftsstellen sowie in unserem ADAC Online-Shop (adac.de/shop) und unter www.holiday-books.de.

BILDNACHWEIS

Titel: Blick von Meersburg am Bodensee nach Osten, Foto: **mauritius images** (Udo Siebig)
Rücktitel: Wasserburg am Bodensee, Foto: **HUBER IMAGES** (Reinhard Schmid)
Illustrationen Kartografie: Shutterstock.com, The Noun Project

Alamy Stock Photo: 87 **AWL Images:** Markus Lange 10/11 **Getty Images:** Dennis Fischer Photography 108; imageBROKER RF 44/45, 48/49, 146/147; Moment Open 24.1 **HUBER IMAGES:** Christian Bäck 100/101, 112; Christof Sonderegger 40/41; Francesco Carovillano 134/135; Frank Lukasseck 140; Günter Gräfenhain 176/177; Hans-Georg Eiben 43; Hans-Peter Merten 28/29; Reinhard Schmid Umschlagklappe hinten, 7, 9, 14/15, 21, 28.1, 33, 47, 50/51, 57, 63, 69, 76/77, 77, 86, 89,106/107, 114/115, 139, 151, 152/153, 155, 170, 172/173; **imago:** Zoonar 29.1 **iStockphoto:** 123 **laif:** Dietmar Denger 60, 64/65, 75; Hans-Bernhard Huber 168/169; Thomas Rötting 144, 148; **Lindau Tourismus und Kongress Gm:** STUDIO FASCHING 027.2; **lookphotos:** Jan Greune 25.2; **mauritius images:** Alimdi/Reinhold Ratzer/imageBROKER 30; Manfred Bail 24.2; RODRUN/Knöll 9; Westend61 18/19; **picture alliance:** dpa 28.2, 29.2; **seasons.agency:** Jalag/Arthur F. Selbach 54/55; Jalag/Anna Mutter 16, 23, 27.1; Jalag/Klaus Bossemeyer 13; Jalag/Lukas Larsson 26.2; Jalag/Miquel Gonzalez 174, 180; **Shutterstock.com:** 20, 25.1, 26.1, 34/35, 35, 36, 37, 42, 56, 66/67, 68, 70/71, 80/81, 92/93, 105, 118/119, 124/125, 127, 132, 147, 149, 156, 157; **stock.adobe.com:** Umschlagklappe vorne, 4, 24/25, 26/27, 38, 39, 46, 52, 53, 58, 73, 78, 79, 82, 84/85, 90, 93, 94, 95, 96/97, 97, 98/99, 103, 104/105, 109, 110/111, 116, 117, 120/121, 128/129, 129, 130/131, 133, 136, 141, 143, 153, 158/159, 160/161, 163, 164, 165, 166/167, 171, 178, 179, 182/183

IMPRESSUM

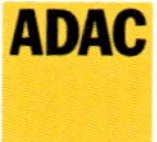

Markenlizenz der ADAC Medien und
Reise GmbH, München

ISBN 978-3-98645-113-4

1. Auflage 2024

Autorin: Mela Hipp
Projektleitung und Verlagsredaktion: Benjamin Happel
Lektorat und Satz: Thomas Rach, www.bintang-berlin.de
Bildredaktion: Dr. Nafsika Mylona
Schlusskorrektur: Gudrun Raether-Klünker
Umschlaggestaltung und Layout: ZERO Werbeagentur
Kartografie: Huber Kartographie GmbH,
www.kartographie.de (Planungskarte);
Katharina Grimm, www.bintang-berlin.de (Innenkarten)
Herstellung: Felix Robitsch
Druck + Bindung: Florjancic tisk d.o.o., Maribor

Ein Unternehmen der
GANSKE VERLAGSGRUPPE

Wichtiger Hinweis
Die Daten und Fakten für dieses Werk wurden mit äußerster Sorgfalt recherchiert und geprüft. Wir weisen jedoch darauf hin, dass diese Angaben häufig Veränderungen unterworfen sind und inhaltliche Fehler oder Auslassungen nicht völlig auszuschließen sind. Die Verlinkungen der QR-Codes entsprechen in Aufbau und Funktionalität dem aktuellen technischen Stand zum Zeitpunkt der Drucklegung. Für eventuelle Fehler oder Auslassungen können Gräfe und Unzer, die ADAC Medien und Reise GmbH sowie deren Mitarbeiter und die Autoren keinerlei Verpflichtung und Haftung übernehmen.
Alle Inhalte im Buch wenden sich an und gelten für alle Geschlechter (w/m/d). Soweit grammatikalisch männliche, weibliche oder neutrale Personenbezeichnungen verwendet werden, dient dies allein der besseren Lesbarkeit.

Ansprechpartner für den Anzeigenverkauf:
KV Kommunalverlag GmbH & Co. KG,
MediaCenter München, Tel. 089/928 09 60

Bei Interesse an maßgeschneiderten B2B-Produkten:
b2b-kontakt@graefe-und-unzer.de

Leserservice
GRÄFE UND UNZER Verlag
Grillparzerstraße 12
81675 München
www.graefe-und-unzer.de

Bei Fragen zur ADAC Trips App und den QR-Codes in diesem Buch schreiben Sie bitte eine E-Mail an trips@adac.de.

Umwelthinweis
Nachhaltigkeit ist uns sehr wichtig. Der Rohstoff Papier ist in der Buchproduktion hierfür von entscheidender Bedeutung. Daher ist dieses Buch auf PEFC-zertifiziertem Papier gedruckt. PEFC garantiert, dass ökologische, soziale und ökonomische Aspekte in der Verarbeitungskette unabhängig überwacht werden und lückenlos nachvollziehbar sind.

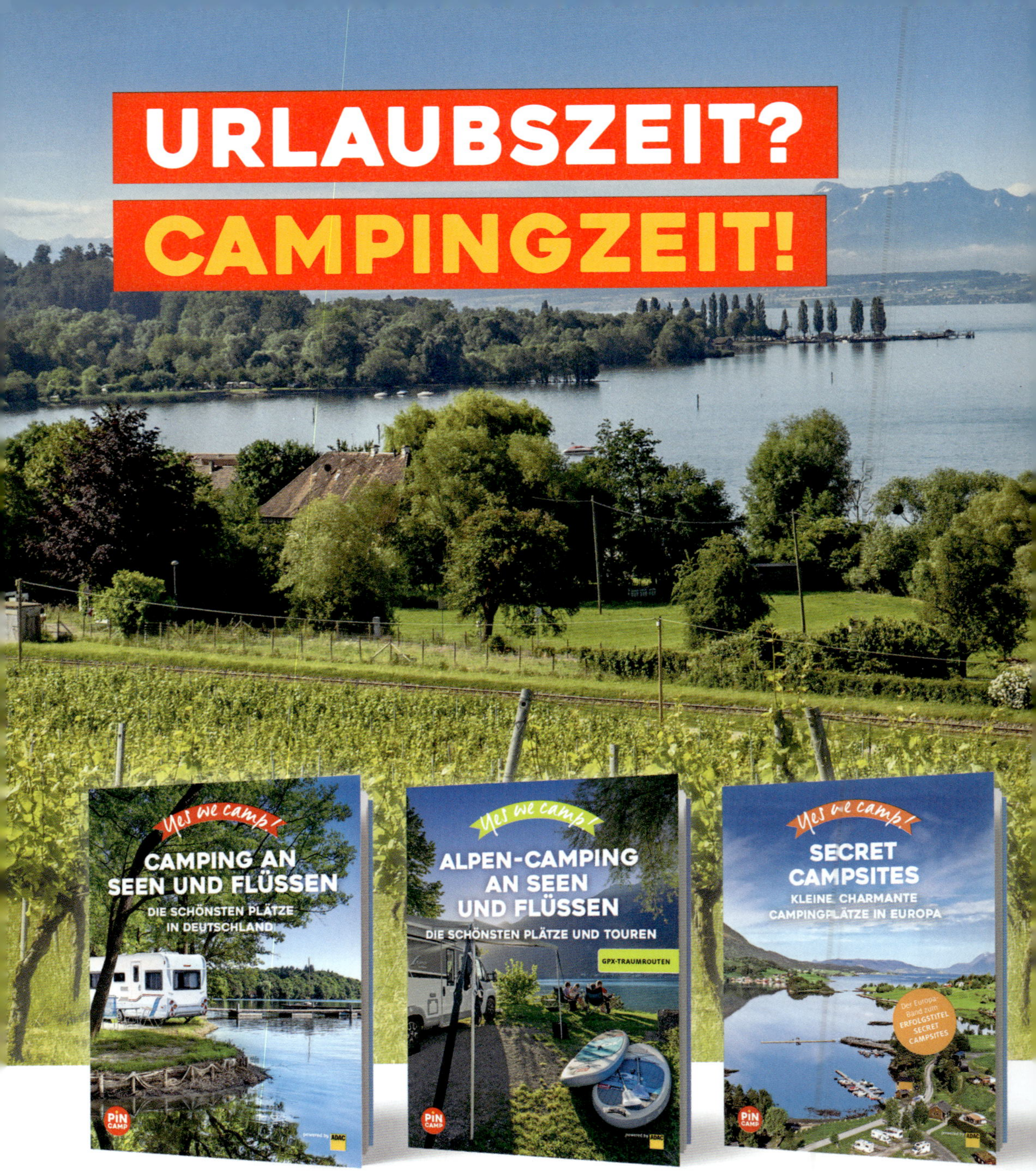

PiN CAMP
© shutterstock.com/Conny Pokorny
Birnau-Maurach
Yes we camp!
SECRET CAMPSITES
KLEINE, CHARMANTE CAMPINGPLÄTZE IM GRÜNEN
Yes we camp!
CAMPING MIT RAD UND E-BIKE
DIE SCHÖNSTEN PLÄTZE UND TOUREN IN DEUTSCHLAND UND UMGEBUNG
Yes we camp!
FAMILIEN-CAMPING AUF DEM LAND
DIE SCHÖNSTEN PLÄTZE MIT BAUERNHOF, STREICHELZOO & PFERDESTALL

Kunst für alle

Bahnhofstraße 1
87700 Memmingen

47° 59' 11" N 10° 11' 12" O
08331-850-771
www.mewo-kunsthalle.de